是思考還是想太多

寫給年輕人的36堂思考課

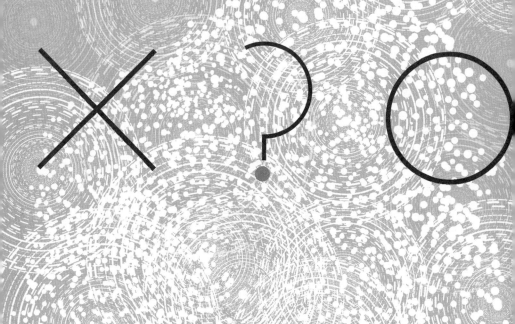

美國紐約州立大學水牛城分校哲學博士

冀劍制＿＿＿著

〈專文推薦〉

在紛亂的世界裡，尋找安身立命之道

李偉文

這是非常重要而且是台灣當下迫切需要的一本書，不只是學生或年輕人需要，我覺得電視台的那些名嘴，甚至政治人物都需要靜下心來，好好地將這本談如何思考的書仔仔細細反覆看個通透。

總是覺得長期以來，台灣人都懶得思考，或者應該說是不懂得如何思考，形之於外就是講話沒邏輯，前後矛盾。這些人即便考上頂尖大學或當到高階的主管，也不代表就知道如何思考。

不知道是不是因為學校的必修課程始終沒有哲學，老師也不鼓勵學生思考，反正只要將標準答案背熟，算式題型反覆練習就能夠應付升學考試。從小不知該如何思考的人，長大變成名嘴當然也不會就突然開竅。因此這本循序漸進文筆生動又深入淺出的書，應該可以彌補長期以來學校教育所欠缺的環節。

我自己是在我雙胞胎女兒上高中後，開始用新聞議題為媒介，訓練她們的思考力。從報導或評論中，要她們去找出作者立論的動機，以及內容中哪些是事實，哪些是意見，同不同意作者的論點？若同意，為什麼？若不同意，是根據什麼理由？

我也會提醒她們，若自己不瞭解這個主題，沒有相關的背景知識也沒有關係，可以從作者的陳述裡尋找他的邏輯有沒有漏洞？例證完不完整？

當她們要發表某些看法或意見時，我也會要求她們用本書作者建議的思考行動法則，先選邊站提出自己的理由之後，再反向思考，站在對方立場去找出不同想法。記得我讀中學那個時代，辯論比賽很流行，比賽的規則很值得當今台灣每個政治人物參考，辯論有正方有反方，往往要在比賽上台前一刻抽籤才能知道自己是正方代表還是要為反方護航。換句話說，我們在準備資料時，必須同時尋找支持正方與反方的論點。

在台灣當下社會往往把跟我們自己不同意見的人，不是當作搞不清楚狀況的笨蛋，就是居心叵測的壞蛋，只有意見，只有意識形態，而不會靜下心來思考。其實絕大部分的社會問題沒有簡單的答案，當然更沒有標準答案，選擇的標準會隨著看重的時間是現在或未來，現在擁有資源的多或少，甚至看重的價值，對未來的想像等等因素，而會有不同的答案，很少有皆大歡喜、沒有缺點的政策。

總是很感慨，現代人早上一起床到晚上睡覺為止，醒著的時間幾乎時時刻刻都被無所不在的資訊包圍，除了原先的電視、廣播、網路到智慧型手機，現在家長的教養難題已不是害怕孩子訊息不足，反而是如何協助他們不被媒體左右了心智能力，並且在紛亂的資料當中，獲得真正有用的訊息。

尤其對年輕人而言，近幾年網路新聞早已取代傳統的媒體，以前媒體的記者與編輯負責生產與管理訊息，除了是傳播者也是個守門員。但是來到人人可以發聲的時代，網路上充斥各種來歷不明且未經查核的訊息，甚至很難追索來源，再加上網路的擴散效應太快又太廣，後果往往超出任何人的掌握之外，所以協助孩子使用網路，建立正確的習慣與培養分辨的能力，是當今最迫切的素養。

而且這是個複雜的世界，幾乎所有的事情都沒有簡單或終極的解答，偏偏現今從網路到傳統媒體的報導都朝向輕薄短小，所以不可避免地會片面化且零碎化，現代人已沒有時間也沒有能力去瞭解事情為什麼會這樣，前因後果是如何？對我們會有哪些影響？

當然，任何人要在這紛雜的世界，釐清許多議題的來龍去脈，的確很不容易，因此訓練自己的思考能力，真的是非常重要的一件事。

所以，這或許是每個沒有修過哲學課的人，一本必看的入門書。

（本文作者為牙醫師、作家）

〈專文推薦〉

思考，是解決問題的第一步

汪栢年

思考能力雖然很難透過書本學習，但是讀者應該可以藉此學到如何訓練思考的方法。一般而言，台灣社會因為考試制度的關係，較不注重思考能力的訓練與應用。從另一個角度來看，台灣的學校已經不是訓練學生思考的地方，許多學生唸到大學之後，只會死背，還是缺乏思考的技能。

首先，我們根本不知道「何謂思考？」我們一直以為自己在進行的思考，其實可能只是幾個簡單的記憶遊戲而已。這些簡單的記憶遊戲，對應付考試而言可說是綽綽有餘，但是對解決真正的問題不僅沒有幫助，可能還會令人誤入死巷！其次，有目的、有意義的思考才是真正的思考。思考有分成好的思考與壞的思考，經由不斷地訓練，思考能力才會不斷地提升。在面臨困難時，思考能力就派上用場了。愈能夠解決問題的思考，才是好的思考。而在解決問題的過程中，會產生新的想法。這些新想法將成為我們下次解決問題的重要途徑之一，這種實務上的思考，有別於學科的思考訓練。

台灣的學生一直以為事物皆有標準答案，且用這種標準答案來評估一切；台灣的老師也在教育中要學生找到標準答案，非此即彼。當標準建立後，是非、成敗、善惡、對錯等皆一目了然，其他的都已不重要了。學生在人生中失去了很多的探索機會，也失去了很多別的參考答案。

思考，應成為習慣。在經常練習之後，對人生的難題應會有更深一層的認識。在深入思考的世界後，終將瞭解：許多人生問題是沒有標準答案的，人生有許多選擇，思考只是解決問題的第一步而已。在思考完之後，要以行動實踐思考的結果，需要的就不只是縝密的思考力了，而是勇氣、決心、意志、恆心等人格特質。這些人格特質無法藉由思考力來達成，而必須在實作中一點一滴不斷累積而成。最後，我們是否達成目標，其實決定的因素非常複雜，不一定是思考的正確與否所能決定的。

在進入思考的殿堂之前，先要摒除成敗的既定因果論，才能使思考更加超然、更加靈活與多元化。有趣的思考，可能無法馬上實現，也可能只是停留在想像空間的一段想法而已，但是它可以激發創造力、想像力與影響力。

思考，是多元的；人，也是多元的。一個人的思考常會出現盲點，唯有與別人一起討論，才能反射自己思考的缺陷。因此，「三個臭皮匠，勝過一個諸葛亮」這句諺語，說明了許多人在一起發揮思考力的時候，往往會發揮驚人的效力。深知群體思考奧妙的人，常會「不恥下問」，使問題得到更妥善的解決之道。

（本文作者為蘭陽女中歷史教師）

〈作者序〉
踏上思考成長之旅，展翅高飛

近年來我寫了幾本哲學相關的普及讀物，由於市場反應還不錯，偶爾會有出版社來邀稿。但目前正專注於一項研究工作，所以也都只能先說抱歉回絕了。當然，主要還是因為稿約的主題未能引發強烈的書寫意願。

有一天，商周出版的程副總編輯寫信給我，想要討論一下是否可以寫一本專論學習思考的普及讀物。我的回答是：「想不出有什麼值得寫的，但聊聊無妨。」

這幾年，社會大眾普遍發現「思考能力」的重要性，甚至認為那是最重要的能力。市面上也大量出現各種訓練思考的書籍。然而讀了這些書，諸君覺得自己的思考進步了嗎？思考能力真的是可以「讀」出來的嗎？

我的想法是，思考能力的培養，大概只有兩大類較能透過書籍自學獲得。第一是市面上很多的「形式邏輯」書籍，但由於大量使用抽象符號，對多數人來說不易閱讀。第二則是我已經寫過的「謬誤辨識」，訓練發覺錯誤推理的敏感度。除此之外，其他類別大概都很難有什麼大幫助。尤其我在這本書裡特別強調的那種「最重要的思考能力」，基本上是難以透過書本學來的，所以我並不期待能再寫出一本對大眾有幫助的思考學習書籍。

我把這個想法跟編輯說了，也順便稍微解釋真正重要的思考能力究竟是什麼，以及為什麼這些東西很難透過書本學習。光是解釋這些想法，大概就花了一、兩個小時的時間。所幸跟程副總編輯談話是件愉快的事情，即使沒有什麼結果也無所謂。最後的結論，就是我不打算寫一本「感覺上像是可以訓練思考但實際上卻沒什麼作為」的書，不希望把時間和精神浪費在只是增加自己的著作量，甚至還會浪費讀者寶貴的時間與金錢。當然，也可能是因為我能力不足而無法寫出有價值的東西，如果是這樣，那就更不用考慮了。

這個對話看似劃下句點，得出結論，編輯也同意我的想法。雖然談話愉快，但畢竟如我預期：「我不適合再寫一本專門訓練思考的書籍。」

然而，如果對話到此結束，也就不會有這篇序言了。程副總編輯的一記回馬槍逆轉了局勢。她說：「何不把這整個想法寫出來呢？讓大家更瞭解最重要的思考能力是什麼、訓練思考究竟要訓練些什麼，以及該如何學習？這樣似乎對學習思考也有很大的幫助，不是嗎？」

這番話讓我的思路定了格，「對啊！怎麼沒想到呢？」這大概也是我的一個思考盲點，想到訓練思考的書籍，只想到如何訓練思考能力，卻沒想過先讓人認識思考以及該如何學習思考。有了這些認識，人們就更能自行學習。如果還能讓人瞭解如何自我評價，判斷自己是否具備好的思考能力，那就更好了。而且更重要的是，我認為這樣的書不僅有價值，還寫得出來。想到這裡，我的眼神也亮了起來，「沒錯，這值得嘗試。」

在那炎炎夏日，大崙山卻依舊清爽的空氣裡，這場對話意外碰出一個值得書寫的創意，締造了雙贏局面。程副總編輯成功說服我寫一本思考相關書籍，而我也找到一個值得嘗試的寫作主題。完成它的興趣超越我正在進行的學術研究工作，所以研究就先擺一邊吧。

這本書的目的，並不是直接針對思考能力的訓練，而是希望讓大家認識思考究竟是什麼，以及該如何學習。而且最主要的，除了希望協助想學習思考的人，更希望能讓缺乏思考能力的人，瞭解到自己的不足，產生自知之明，因此踏上學習思考之路。

但最大的問題在於，缺乏自知之明的人並不覺得自己需要學習思考，也就根本不會來讀這類書籍，即使有書也是無用的。所以，這需要讀者的協助，如果覺得此書有幫助，就盡量推薦給需要的人，尤其可以推薦給思考尚未定型的學生閱讀，只要看得懂，愈年輕起步，成效愈好。

進入學習階段之後，此書也能協助瞭解自己進展到什麼程度。有了這些認識，才能真正開啟更進一步的思考成長之旅，從鯤化而為鵬，展翅高飛。

然而要特別注意的，學習思考就像學習一門技能，不去實踐永遠學不會。希望這本書可以提供學習思考的正確方向，像是黑夜海上的燈塔，或是迷途中的指南針，幫助我們知道自己身在何處、往哪裡前進。但前進的動力仍然在於自己，光憑閱讀，無法航向前方。

最後，很高興完成這本書，我自己其實還挺滿意的，也期待能達成預期的功效。接著，我得回到研究桌前，繼續未完成的工作。希望在很快的未來，就可以分享新的成果。

二〇一五年，久旱逢甘霖的清晨，石碇烏塗溪畔

Contents

目錄

第三篇　學習智慧的思考

第五篇　從初階到進階，思考能力的升級進化

〈前言〉是思考，還是想太多？

雖然我一直鼓勵眾人多思考，想愈多愈好、想愈久愈好。但我不否認有時真的會有想太多的情況。尤其對於不該思考的事情，就可能愈想愈糟。

舉例來說，到餐廳點餐時，本來想點A餐，後來想到上次吃過了，或是其他同行的人點了，於是換成B餐。等到餐點來了，總覺得別人的比較好吃。我想很多人有這樣的經驗，針對想吃的東西，憑直覺比較可靠，想愈多就錯愈多。除非有健康、瘦身之類的顧慮，否則就別多想了。另一種想太多的情況則是想錯了方向，愈弄愈糊塗。

「思考」和「想太多」之間的最大差別在於一個是在解決問題，另一個是在製造問題。當我們遇見困難，思考可以協助我們找出好的解決方法，但如果想太多，只會製造更多的困擾。

但「製造問題」不一定都是壞事，這要看這個被製造的問題有沒有價值，如果沒有價值，那就是名符其實的「想太多」，像是點了一盤自己根本不想吃的東西，製造了一個根本沒必要的困擾。但如果製造的問題是有價值的，那就另當別論了。

在人類思想史上，製造最多問題的哲學家大概可以算是笛卡兒（René Descartes, 1596-1650）。笛卡兒懷疑東、懷疑西，針對看見的所有事物都要懷疑，甚至對於一加一等於二的數學也要懷疑，這真的製造了大麻煩。但這樣的懷疑有價值嗎？如果只是懷疑，自然沒什麼價值，想太多了，沒事給自己找麻煩！

然而，笛卡兒在懷疑一切之後，開始尋找知識的根基，想要挖掘出一種「無法懷疑而且絕對不會錯的知識」，作為一切知識的基礎，這就是著名的「我思故我在」。這個思路，開創了許多新的哲學，讓我們對知識的建構有了更深入的反思，有助於找出更合理的知識理論。有了這個價值，自然就不算是想太多了。

在日常生活中，許多人常常覺得自己或是別人「想太多」，那是因為想要思考的問題，並沒有正確的答案，既然沒有正確答案，無論怎麼想都不會有結果，為何要浪費力氣思考呢？

事實上，針對沒有正確答案的問題，不同的思路之間還是可以比較的，它們有著不同的合理性，當我們學會如何評估這些思考的合理程度，就能找到一個最合理的解答，選擇它，會有最高的獲勝機會。這樣的思考當然是有價值的，而學習思考，就是要把這樣的價值找出來，成為一種能力，用它來引領我們的人生。

當眾人都具備這個能力，社會就改以理性為主導，朝向一個和諧美好的社會。

第一篇

培養思考的鑑賞能力

1 KTV高歌沒有掌聲，都怪別人不會欣賞？

先有鑑賞力，才有學習力

當我還是大學生的時候，曾經想要當一個詩人。為了實現這個夢想，我參加了耕莘文教院開辦的新詩寫作班。在二十多人的班級中，包括我在內只有兩個男生，其中一個還是後來成為著名盲人馬拉松選手的張文彥先生。他是一個積極、有抱負、又有好心腸的人，在自我介紹時自告奮勇地唸了一首他的新作，每句字數相同，尾巴還押韻。但老實說，我覺得那不太能算是新詩，寫得也不怎麼樣。他唸完後，似乎等待眾人的讚美。我猜他應該是以為自己在新詩創作方面還不錯，只不過，當時的場面有點冷。

珍貴的自知之明

我當時也認為自己新詩創作能力還不錯，也有一些作品在袋子裡，而且在我心目中，我的作品和那些著名現代詩人寫的差不了多少，不過我沒有立刻拿出來（雖然實在很想現，但總覺得應該要虛偽地矜持一下）。過了幾堂課後，我終於等到一個「很自然」的機會發表了我的創作，也期待著眾人的讚美，像是偉大詩人終於誕生之類的，但出乎意料，場面一樣冷得很，連愛心的虛情假意也沒有。看著眾人尷尬的表情，我有點不高興地得出結論，「他們缺乏欣賞能力！」

究竟是他們缺乏欣賞能力，還是我根本不懂新詩呢？除了當事人之外的大多數人，應該很容易就知道真相為何，因為這種事情實在太普遍了，「對於自己不懂的東西，我們甚至連自知之明都沒有。」

有一天，詩人白靈老師給我們看一些很典型的爛詩，並且說明了它們爛在哪裡，這個反其道的教學法對我非常成功，讓我開始懂得如何欣賞一首好的作品，於是我逐漸學會該如何創作、修改，以及自我評價。

「想學會一樣東西，必須先具有鑑賞力。」這是我學習新詩的一個重要心得。

雖然我後來沒再繼續寫新詩，但這個心得還是很有用處。尤其是避免自己因為無知而生出來的自以為是，這其實是個很可怕的盲點。每當回憶起那股冷清的場面，以及眾人尷尬的神情，都令我汗顏。

知道自己的無知

類似情形也常發生在卡拉OK包廂裡，沒有音感而走調的，永遠不知道自己的問題在哪裡。話說回來，這種眾人反應很冷的尷尬經歷，卻也是自我瞭解很好的契機。只要不要太自戀，至少可以警覺到「Something Wrong」（好像哪裡怪怪的，跟自己預期的不太一樣）。

學習思考事實上更是如此。不懂思考的人，不太可能藉由思考而發現自己不懂思考，因而難有自知之明。西方哲學從蘇格拉底開始，就很重視這種「知道自己無知的知識」，並大力強調它們有多麼重要，以及多麼難得。

社會上許多人不覺得自己的思考有任何問題，而認為自己的想法通常是正確的，因此自然而然也很愛現（喜歡告訴別人自己的想法、意見，以及批評）。愛現其實沒關係，只要在態度上不要太驕傲，甚至是件好事。然而，不懂又愛現，就容易讓自己陷入難堪的局面了。

在網路上可以看見許多人「勇於發言」，就像我和張文彥先生很勇於發表自己的作品一般，因為我們自己覺得「寫得很好」，而他們覺得自己「想得很好」，所以很希望讓別人也欣賞一下自己的才華，希望獲得掌聲。但是，當我們沒有獲得掌聲時，不懂場面尷尬，也常常難以發現問題所在。尤其針對反省力較弱的，直覺上也不會認為自己的想法有什麼問題，而是別人有問題。

鑑賞力：什麼是好的思考、壞的思考？

就像在動漫《哆啦A夢》中的胖虎，他愛唱歌、覺得自己唱得很好、希望藉由表演獲得掌聲。當別人覺得不好聽、不想聽時，由於他根本缺乏鑑賞能力，所以不會反省自己的歌聲，而是憤怒面對那些「不懂欣賞」的人。

如同許多在網路上發言被批評的，大多會回罵，而且覺得別人不懂他們的思考。這種因為沒有自知之明而產生的衝突，大多不是談理可以溝通清楚的，這需要個人自我成長，先願意大膽假設，「或許我的思考能力不足」，然後開始學習思考，直到學會了思考的鑑賞力，瞭解好的思考與壞的思考的差異，才能逐漸發現這個盲點，而後精進思考力。

但是，這個自知之明卻是最難通過的關卡，因為困在這種思考盲點中的人，根本不覺得自己需要讀一本關於思考的書，或是聽一場關於思考的演講，也就缺乏開始真正學習思考的第一步。因此，每一個人，無論自認為自己的思考能力是否有問題，最好都先好好學習思考，才能夠避免成了理盲人士而不自知。

學習思考需要先學習思考的鑑賞力，瞭解什麼是好的思考與壞的思考；然而，要學習思考的鑑賞力，首先就必須先瞭解思考，思考究竟是什麼呢？有哪些種類？如果願意試著學習思考，就讓我們從這裡出發吧！

2 我在思考：「窗外的風景真好！」 真的嗎？

揭開思考的真面目

很多人都說：「思考很重要。」然而，到底是什麼東西很重要？我們所強調的思考究竟是什麼呢？

誰有在思考？誰沒在思考？

這個問題真的很難回答，主要因素在於思考有很多種類，像是邏輯思考、創造性思考、最佳策略的思考、跳脫框架的思考、批判性思考、甚至關於智慧的思考方式都不太一樣。所以，我們可以先從反面來想，試著回答：「什麼不算是思考？」這個問題會比較簡單一點。從一個生活實例開始，試著想想，在下面的敘述中，誰有在思考，以及誰沒在思考？

有一天，甲、乙、丙、丁，四人相約在山區一家咖啡店裡聚餐。甲看著報紙演藝版，想著：「如果我是個大明星，那該有多好啊？」乙則看著眼前一片美景，陶醉在秋意濃濃的晚風中，想到很多過去美好的回憶。而丙正在觀察店裡其他的客人，有正在補妝的（想著：「補妝給誰看啊？」）也有正在打電話談生意的（想著：「來這裡還談什麼生意，真沒情趣！」）這時，丁正想著線上遊戲裡的法師角色，該如何讓他的戰力提升。

以上四人，哪些人有在思考呢？

答案是只有丁可能在思考，其他應該都沒在思考。因為，空想不是思考、回憶不是思考、發呆或是漫無目的的胡思亂想也不算是思考。而丁可能正認真地想要藉由他所知道的各種關於法師特質以及戰力提升的資訊，得出一個有目的（最能提升法師戰力方式）的結論。這就是我們所說的思考。不管他思考的問題有沒有意義和價值，這種大腦運作過程，才能算是思考。

思考的兩大特點：有組織、有目的

所以，從這裡我們可以看出思考的兩大特點：「有組織」以及「有目的」。**藉由組織一些基本思考素材，企圖得出一個思考的成果。**

舉例來說，當我們遇到困難的時候，可以透過思考，藉由組織與連結已知的各種資訊，像是關於困難的起源、性質，做一個通盤的瞭解，然後找出解決問題的方法。這整個資訊運作的過程，就是思考；而找出解決問題的方法就是思考的目的。

再舉例來說，許多人常常會忘東忘西，重要的事情沒去做，導致不良後果。面臨這樣的問題時，大多數人只會抱怨自己為什麼又忘了、後悔為什麼自己的記性不好，或是乾脆養成一個算了的心境，什麼都無所謂。得出這些結論的想法，都不算是「思考」。因為並沒有先好好組織已知的資訊，尋找解決的方法。

「思考」要我們先放下情緒，運用理智去想想為什麼這些事情會發生。如果思考的目的是期待不要再繼續發生，有什麼好的解決方法呢？於是我們暫時不抱怨、不生氣、不後悔、不怨天尤人，大腦開始運作，以解決問題為目標，彙整已知資訊，尋找解決方法。

思考過後，我們一開始可能會提出的方法是「提醒自己下次一定要記住！」因為只要下次記住了，就不會再犯。這個辦法乍看之下很好，但稍微反思一下就會發現問題。因為之前也都這麼想，為什麼沒有改善呢？所以，理智可以協助我們發現，這個解決方案顯然不是個好方法，否則就不會一直失敗了。

那麼，「要求別人提醒」又如何？這方法或許不錯，但如果別人也常忘記怎麼辦？別人都值得信賴嗎？如果有一個值得信賴的專業祕書，可以時時提醒自己，這倒真的是個好方法，但是，大多數人是請不起祕書的。於是，我們可能會想到「寫備忘錄」的方法，只要訓練自己養成看備忘錄的習慣（不要連這個也忘了），就可以改善健忘所導致的不良後果了。這整個思維過程，就是思考。「找出解決問題的辦法」，常常是思考的目的。從這個角度來說：沒錯！**大家都會思考。**

人人會思考，好壞不同

雖然很多人不習慣用思考來解決問題，但都具備這樣的能力。所以，大家所說的「思考很重要，應該要多學習思考」，這句話談的思考當然不是指思考的基本能力，因為思考是每個人的本能，不用學習，頂多學習養成思考的習慣即可。

但是，思考的過程決定一個思考的好壞，並不是每一個人，都具備「好的思考能力」。「好的思考能力」才是我們最強調的東西，所以當我們說：「思考能力很重要，要學習思考。」實際上要說的是：「**好的思考能力**很重要，我們應該要努力學習這種能力。」這句話雖然聽起來很廢，但實際上很重要，因為大部分的人都誤以為自己懂得分辨思考的好壞，其實並非如此。

要學習「好的思考能力」，必須先具備分辨好壞思考的能力，也就是先學習思考的鑑賞力。否則，就算我們的思考很糟糕，自己也不知道。缺乏自知之明時，便難以改善自己的思考，進而找到最佳策略。就像沒有音感的人不可能把歌唱好，連自己走調都不知道，再怎麼練習也沒用。要想把歌唱好，先學習鑑賞力，辨識歌聲的準確與好壞。只要有鑑賞力了，知道該往哪個方向追求進步，也就能走上精進的道路了。

那麼，我們如何學習思考的鑑賞力呢？

雖然這個主題很重要，但我們沒這麼快可以回答這個問題，還得先對思考有更多的瞭解，才能去談鑑賞力，尤其是針對「我們要鑑賞的究竟是什麼？」

3 你能分辨誰說真話，誰說假話嗎？

掌握思考的核心能力

學習思考，最要緊的，究竟是在學什麼呢？在回答這個問題之前，讓我們先試著想想下面這個推理練習題：

真話與假話的推理

在一座島上，住著兩種人，分別是真話人和假話人。真話人只說真話，假話人只說假話。有一天，你到這座島上觀光，遇見兩個人（甲和乙）。

甲對你說：「我和乙都是說真話的人。」

乙則說：「甲說的是假話。」

那麼，我們是否可以依據這些線索，推理出甲、乙各是哪一種人？

❖假設

針對這個問題，我們先彙整已知資料，依據給定的條件來推理，目的是得出一個正確的解答。

首先可以假設，甲是真話人（當然，不一定要從這個假設作為思考的起點，也可以先假設甲說假話，或是乙說真話等等）。既然甲是真話人，那麼，依據最初條件（真話人只說真話），他說的話就都是真話了。於是，透過他所說的話（甲和乙都說真話），可以得出「甲和乙都是真話人」。

❖推理

繼續推理，既然「甲和乙都是真話人」，就可以從中導出「乙是真話人」，因此「乙說的都是真話」。但是，如果乙說真話，那麼透過乙說的話（甲說假話），甲就變成假話人了。這個推理結果給我們帶來了麻煩，變成「甲既是真話人也是假話人」，這樣的人既說真話又說假話，豈不是導致矛盾了嗎？所以，這個結果顯然是不能接受的。

依據「甲是真話人」的假設開始推理，卻導出「甲是假話人」，形成矛盾。因此，我們可以說，一開始的這個假設是錯誤的，我們可以確定「甲不是真話人」。（這種推理方法稱之為「歸謬證法」：假設任一句子P為真，而後導出矛盾，因此證明P為假。）既然甲不是真話人，就只能是假話人，那麼他說的都是假話，而乙又說「甲說假話」，由於乙說的是正確的，所以乙說的是真話，我們便可以推理出，「乙是真話人」。所以答案應該是：「甲是假話人，而乙是真話人。」

❖ 檢驗

這時，回頭檢驗看看甲所說的話和他的假話人身分是否會導致矛盾。由於甲所說的話包含了真話（乙是真話人）和假話（甲是真話人），整體來說可以算是假話（例如，我是男人也是老師，但如果說我是女老師，裡面的訊息有真有假，整體來說便是假），所以沒有矛盾產生，我們確認了解答：「甲是假話人，而乙是真話人。」賓果！推理結束，透過這個思考，我們得到了正確解答。

學校教育培養科學性的思考模式

這個思考過程的特色，在於從確定的基礎出發，目標是得出一個確切的結論。在目前各級學校課程教育中，這類的思考訓練並不算少，像是解方程式、幾何證明、理化問題等等都屬於這類思考模式，市面上也有許多推理遊戲的書籍提供大量練習題。也就是說，學校教育其實很重視思考，並訓練學生培養這種類型的思考能力。

然而，當我們強調思考能力很重要時，指的並不是這種思考。不是說這類思考不重要，它的確是不可或缺的能力，屬於科學性的思考模式：「從確定的基礎與定義出發，透過不變的定理與思考法則，得出具有正確性的結論。」

但是，這種思考能力較容易學習，多數人透過基礎學校教育，大致上可以掌握，並養成這樣的思考習慣。大多數人所缺乏的，其實是另一種思考能力，而且是一種更為實用、甚至更為重要的能力。

這種更重要的思考能力的特點是：「**從不太確定的基礎出發，並且到達一個也不太確定的臨時終點。**」

4 填志願、購物、交男女朋友，正確答案在哪裡？

最重要的一項思考能力

國、高中時代，無論男女生，大多有著自己欣賞、喜歡的人。面對自己喜歡的人，我們常常會因為膽怯而不知該說些什麼，以及做些什麼？常常本能地依據自己的害羞、擔心被討厭，又希望受到注意的情緒行事，反而愈搞愈糟。像是故意批評自己喜歡的人，或是在暗戀的對象面前表現出奇怪的行為。然而，如果我們不依據本能地把事情搞壞，而是很認真地去思考，「什麼樣的談話最好？」以及「什麼樣的行為較為恰當？」可以得出什麼好結論嗎？

誤以為有正確解答的思考

由於我們對對方不夠瞭解，自己也不是什麼經驗老到的戀愛高手，所以，這種思考是從沒有確定的立足點出發，而即使想到一些感覺上像是好點子的結論，也無法判斷其是否真的是正確的作法。也就是說，這樣的思考能夠到達的，也只能是不確定的終點。

正因為這樣，許多人認為這種思考沒有什麼太大的意義。大多數人遇到這類問題時，只會嘗試找一個看起來還可以的解答，不會再更認真地去想一想，看看是否能夠找出一個更完美的構想。由於，對尚未具有這種思考能力的人來說，大部分不確定的解答看起來都差不了多少，也因此人們缺乏興趣去思考這類問題。

雖然，在日常生活中有很多類似的問題能夠吸引眾人去思考，但大多數人之所以會願意去思考，往往是因為誤以為它們有著正確解答，因而抱著尋找正確解答的心態去想。

當哲學家們到校園去演講時，無論討論到道德問題，還是社會問題，常常會引發同學們熱烈討論。例如，由著名哈佛教授桑德爾在網路課程中所引用的「電車問題」來說：

假設你是一個行駛中的電車駕駛，你看見前方鐵軌上有五個工人睡著了，這時鳴笛失效、煞車也失靈，唯一能避開撞到他們的選擇是盡快轉到另一個車道上，但這另一個原本並非路線的車道卻睡著另一個工人，這時你應該怎麼辦？

問題、思考、答案三部曲

這類問題往往可以引起學生很大的討論興趣，透過思考，提出許多有趣的見解。像是為了救更多人而犧牲少數人，或是無論如何都不能殺害那位在安全軌道的無辜人士。意見不同的雙方可能互相熱烈交火，企圖以理來說服對方，既練習了思考，也展現文明社會運用理性的驕傲。

但討論到最後，學生們往往期待演講者在結束前「公布答案」。如果演講者沒有這麼做，會後也會有些很積極的學生來問：「答案是什麼？」如果演講者回答說：「沒有答案。」學生們便大失所望，好像之前的所有討論都白費了。

在當前學校的各種教育中，我們習慣尋找正確解答，並且認為找到正確解答才是讓思考有價值、有成果的結局。因此，學生們也習慣用這種正確答案來評價一個思考。得出錯誤的答案就是錯誤的思考；有了正確答案，就是正確的思考；但若在思考之後沒有答案，這就成了沒有用處的思考了。

若是針對有正確答案問題的思考，這種評價方式大致還算適用，因為這類問題的思考過程和正確答案之間有著較為密不可分的關聯。也因此，大多數人很自然認為自己懂得如何評價一個思考。但是，對於評價一個沒有正確答案問題的思考，這種評價方式就容易偏離重點。

人生沒有標準答案

首先，我們應該先改掉認為所有問題都有（或至少應該有）正確解答的習慣。尤其在日常生活中所遇見的各種問題，不一定有正確的解答，不僅現在沒有、未來也不一定會有，甚至根本不可能有。而且事實上，在真實世界中，大多數問題都沒有標準解答。

以前面談到的真話人與假話人的例子來說，題目本身就已經過度理想化地把條件限制死了，先假設我們的依據是不會錯的，而且有著正確的解答，然後開始推理。

如果不要單純將它當作一個推理練習題，而看作是一個生活實例，我們可以（也應該）懷疑的是，那兩個人會不會不是島民而只是遊客呢？或者，會不會有人想跟你開玩笑而假裝是島民？又或者，會不會是島民正好不願意再持續這個說真話與說假話的傳統而開始改變了？

甚至我們一開始獲得的資訊，關於他們一定說真話與一定說假話的條件，是否根本就是錯誤的？真有人會這麼無聊嗎？如果這樣他們要如何生活？萬一遇到不知道答案時該如何回答？或者是否有可能不小心弄錯答案，原本想說謊卻說了實話？

這種種考慮，都會讓我們的推理出現問題。而實際生活中，有無窮無盡的可能性，出來破壞我們完美的思考計畫，讓思考的結果出現偏差。

而且，不僅思考所依據的各種條件可能有問題，日常生活中的許多問題也常常根本就沒有正確解答。不但不能透過思考得出正確解答，就算無意間猜到了正確解答，我們甚至也沒辦法確認它們。

舉例來說，到底要填哪一個科系作為第一志願呢？針對這類問題，無論多麼仔細思考，我們很難確認自己真的獲得了一個正確的解答。即使像是最簡單的吃飯還是吃麵的選擇，以及在百貨專櫃前考慮著應該買綠色洋裝或是藍色外套？這些都很難有（或甚至根本沒有）確定的解答，思考過後，也很難得知自己的解答是否正確。即使買回家後很開心，也不表示選擇正確，因為若買了另一個，說不定會有更好的結果（這已無從查證）。萬一買了其中一個很後悔，也不代表抉擇錯誤，因為我們永遠無法確認如果做的選擇是另一個，究竟結果會如何？

學習評估合理性的程度

也就是說，我們在日常生活中所面對的問題，大多是從不太確定的基礎出發，前往一個也不太確定的結論。即使如此，各種思考之間還是有所不同，差別在於它們有著不同的「合理性」，不同的合理性就產生了不同的「可信度」。我們可以透過合理性的差異來區別不同思考的可信度。**評估每一個不確定思考的合理性程度**，就是我們真正要學的思考能力。愈是合理的思考過程，就是愈好的思考。

當我們有能力鑑賞一個推理的合理程度時，我們就能分辨思考的好壞，也同時知道如何提升自己的思考能力，針對每一個問題，找出一個最大合理性的解答。

雖然，具有最大合理性的解答，不一定就是正確答案，但是它將會有最高的正確率。如果我們在生活中的抉擇能夠常常靠向最高成功率，即使不會在每一場戰鬥中獲勝，也將會造就最高的勝利機會。

將領找到最高勝率的作戰兵法，執行長想出最可能成功的策略，老師設計出最有效的教學方法，學者們研究出最可能是事實的理論，考生們找到最好的讀書方式、選擇了最適合的學校與科系，想要好好過生活的人找出了最愉快的生命方程式。

可以試著想一下，當生活中的一切都被最高合理性解答與最可能成功的策略給填滿時，那會是一個什麼樣的人生呢？當思路走到這裡，我們便看見了這種思考能力的重要性。但要獲得這種思考能力，首先需要認識這種不確定性的思考，以及學習如何評價與鑑賞這種思考過程。

5 學習思考就像騎腳踏車，練習才能進步

尋找正確答案的思考 vs. 尋找最合理答案的思考

從前兩章的討論來說，思考可以分成兩大類，一是「有確定答案的思考」，二是「沒有確定答案的思考」。有確定答案的思考較偏向科學思考，而沒有確定答案的思考則偏向哲學思考。通常有確定解答的問題比較容易找到思考方法，而沒有確定解答的問題常常讓人不知所措。

科學性思考與哲學性思考

在日常生活中，兩種思考能力都用得著。例如，當我們想知道班上同學旅遊

比較想去遊樂區或是博物館，可以簡單做個問卷或是舉手表決，藉由這些資料，很快就有答案。這種問題是有確定答案的，也較容易找到適當的思考方法，而且當我們獲得答案時，也較有把握。這是偏向科學性的思考方式。

然而，如果我們要思考「未來是否要念大學？」「人生的意義是什麼？」甚至只是「該穿哪一件外套出門？」這類問題顯然就困難很多，因為問題本身很難有一個確定答案，我們只能藉由尋找一些相關聯的線索，進行推理、統整、比較，然後找到最合理、最有說服力的解答。然而，即使找到最合理的解答，我們也無法驗證它的正確性，甚至難以確認它真的是最合理的。最好的情況只能是在說出自己的解答之後，大家都想不出有更好的答案，或是在自己的推理中，找不到任何思考的不當之處。但這並不表示解答與推理都沒有問題，很可能只是大家思考能力不足尚未發現問題而已。

舉例來說，一個著名的「經驗機器論證」主張「快樂不是人生的目的」。理由在於，如果有一個機器可以讓人忘記現實世界的一切，進入虛擬情境，提供人一生的快樂經驗，是否有人希望未來餘生都在機器裡面度過呢？由於大部分的人會回答「不要」，所以此論證就主張「快樂不是人生的目的」。

這類主張不適合用正確與否來評價，而是應該去思考其合理性程度。要評估這個論證的合理性，就必須找出此論證內部更細緻的推理過程。例如，它預設了「人的內心深處可以掌握人生意義，所以當我們內心深處不期待那樣的人生時，就表示那不是人生的意義」。而支持這個預設的理由，主要在於認為「如果人生有意義，至少我們內心應該要能把握這個意義，否則只能隨機碰運氣的狀態似乎很荒謬」。以此類推，當我們瞭解了整個論證的合理性程度，就知道這個論證有幾分可信度，而達到評價一個哲學性思考的目的。

因此，從這裡也可以發現，兩種思考方法的評價標準不同。評價科學性思考的標準是對或錯；而評價哲學性思考的標準則是合理性程度。所以，如果有人說某個哲學理論「不一定是對的」，基本上就用錯評價標準了。

由於「沒有確定答案的思考」無法評估思考結果的對錯，而且在思考方法上常常沒有固定脈絡可循，不知從哪裡開始推理，又前往哪個終點？所以，這種哲學性思考比較難學。就像在學一種技能一樣，剛開始根本無從下手。有點類似學騎腳踏車，在最初的學習過程中，因無法掌握平衡感，而有一種自己永遠學不會的錯覺，無論指導者說了哪些訣竅，不會騎就是不會騎。

例如，當我們要思考「人生意義」的問題時，甚至不知該如何思考起，就算找到了一個合理的解答，多數人也很難評估其說服力有多高。商業界與政治界重要的問題也是如此。「一個新產品該如何推出效果最好？」「怎樣的競選口號最能提高當選機會？」這些問題的依據大都無法完全確定，即使得出一個看起來不錯的解答，也很難說是否是「正確的」解答。這會讓大多數不習慣思考這類問題的人，茫然不知從何下手。

多練習，多思考

學騎腳踏車的方法就是去騎它，久而久之，很神奇地會愈來愈得心應手。學習思考，也很類似，就是去思考，不管從哪個角度出發，多思考就是最好的開始。

在日常生活中，由於大多數問題是沒有確定答案的，所以哲學性思考的應用範圍也較大。但是，哲學性思考型態其實很難學會，而且嚴格來講，可以說沒有真正學成的一天，只有能力高低的差異。

當我們說思考很重要時，其實指的就是這種哲學性思考能力。這是思考最核心的一種能力，也是最難獲得的能力。

中學生在校園裡，從數學、理化等學科的學習，大致上可以掌握科學性思考的訣竅，從一些確定的觀點出發，達到一個確定的結論。由於在台灣校園裡，除了思辨性社團之外，普遍缺乏哲學性思考的訓練，許多人在學會科學性思考方式後，誤以為這是唯一的思考方法，所以訓練出只會尋找標準答案的思維。當遇到模糊不清的問題時，會要求必須先定義清楚，否則根本無法思考。最常見的情況是有人談論「神是否存在」的問題時，會先要求把神定義清楚再說。事實上，如果運用哲學性思考，推理和定義是可以同時進行的。

面對人生，需要的思考力

事實上，科學家並不只是做（我們上面分類的）科學性思考，尤其針對最核心的科學問題時，科學家們也做哲學性思考，去質疑原本的科學依據，找出最合理的整個解釋系統。當原本思考的科學依據被懷疑時，整個思考的確定性就會喪失，自然就變成了沒有確定性的思考了。

科學性思考與哲學性思考都很重要，但世事多變，在應付真實人生時，我們更需要掌握的思考能力，是從不確定出發，前往仍是不確定的終點。其差異在於，掌握哲學性思考力，我們就能在各種不確定中找到最大的機會。

要學習這種具有不確定性的思考能力，就必須能夠判斷思考的好壞。我們無法透過思考結果來判斷，只能針對思考過程本身來評價，也就是學習哲學性思考的鑑賞力。

那麼，是否必須先學習各種哲學理論，才能掌握這種哲學性思考能力呢？事實上不是這樣的，之所以稱呼這種思考能力為哲學性思考，那是因為哲學主要使用這種思考方法，但並不是說，只有哲學才具有這樣的思考方法。雖然閱讀哲學理論的確可以訓練這種思考能力，但學習這種思考能力未必一定要透過哲學理論。所以，即使不學哲學，也可以學習哲學性思考。

6 成功，思考正確；失敗，就是思考錯誤？

運用鑑賞力，評價思考的壞習慣

學習哲學性思考的鑑賞力（以下簡稱「思考的鑑賞力」，未來談論到思考能力時，若沒有特別指明，一律針對哲學性思考能力來談，因為這是本書的重點），首先要改掉一個壞習慣，就是從思考的結果評價思考過程好壞的習慣。

「股神」到底懂不懂投資？

假設有一個人，依據其個人的股票哲學來預測股市變動，在一段時間的買賣裡，幾乎戰無不勝，賺進大把鈔票，於是被譽為「股神」。那麼，這是否證明了他的股市哲學是個很好的（或甚至是正確的）思考方式呢？

當一個股票投資人或是操盤經理人賺大錢的時候，我們通常就會覺得他們很懂得投資；反之，賠錢的就是不懂投資的人。這種評價方式，完全從投資結果來論斷其預測股市變動的思考能力。

事實上，雖然股票價值在未來會得到確定答案，但在預測時，除非有某種人為操作的情況，否則它存在著不確定性。也就是說，它根本是無法準確預測的，因為干擾市場的因素太多，幾乎不可能完全掌握這些因素。

不僅一家公司的營運狀態會改變這家公司的股票價值，對這家公司未來發展潛力的預測，也會改變其價值。而這樣的預測就已經處在不確定狀態了，不同的人可能有不同的預測觀點，再加上不同的投資人會採信不同的觀點，因而對股價採取不同的買賣態度，這也會干擾股價的變動。

除此之外，還有些不按牌理出牌的投資人、思考錯誤的人、盲目跟買與跟賣的人，以及整體經濟大環境的變動與相信經濟大環境將如何變動的不同族群等等，在這種情況下，有誰能掌握完全的變動方式而得出正確的預測呢？而且，許多完全無法預料的因素（像是某國政變、地震、某公司突然宣布倒閉、黑心油新聞）也可能突然出現而擾亂市場運作。在這種情況下，「沒人真正能夠預測股市」，凡是自認為能夠準確預測的人，不是在說謊，就是處於無知（不懂股市運作）而且又沒有自知之明的狀態。

靠實力還是靠運氣？

所以，有人可能只是一時運氣好而投資獲勝，並不是真的具有掌握最大可能性的思考能力。然而，真有人運氣這麼好，可以在一段時間中不斷猜中嗎？事實上真的有可能。以漲跌這種二分之一的機會來說，平均在一千人中，就會有一個投資者連續十次都猜贏，在台灣超過百萬投資人中，自然會出現很神奇的命中率，如果從全世界來看，就會有更神奇的幸運兒。如果我們單看結果來評價思考，這樣的人就可能被稱為「股神」，而大家會想去學習他的「投資技巧」（不管真懂假懂，每個人都會有自己的一套投資理論），誤以為那就是賺大錢的祕方。

當然，這種評價方式並非完全不可信，投資獲勝的時間愈長，單純靠運氣的可能性就會愈低。所以，只要觀察更久一些，運氣的作用就會慢慢失效。因此我們會看到昔日的股神，變成今日的衰神，而那些信仰股神哲學而大舉跟進的，往往損失慘重。

也就是說，當我們在思考這類沒有確定答案的問題時，有可能產生一種現象：明明思考錯得一塌糊塗，結論卻是正確的。

所以，我們會看到有人在推理時根本沒想清楚，但最終竟然被他瞎矇到，還很開心地說：「你看，我就說吧！」這其實是以思考的結果來論斷思考的過程，是學習思考的人必須先改掉的習慣。

若沒有改掉這個習慣，人們一定會在某些時候運氣特別好，即使依據錯誤的思考所得出的策略，實踐結果卻依然成功。這種經驗會讓人很相信自己（錯誤的）思考。也就是說，依據這類經驗所學到的東西，是錯誤的知識，但因為有成功的經驗，自己通常會很相信它。運氣愈好，信賴愈高，也就愈願意押上更高的賭注。當一大堆錯誤的知識支撐起一個重大的抉擇時，一旦運氣的海市蜃樓消失，也就是慘遭滑鐵盧的時刻。這樣的事情，經常在人世間上演。

思考的過程比結果重要

於是，我們要把評價思考的眼光轉向思考過程，不再依據思考結果的對與錯。結果即使是錯的，也有可能思考過程是對的；反之，思考的結果就算是對的，也不代表思考過程是正確的。所以，當我們評價一個主張時，別只看結論，必須看思考與推理的過程；當我們要告訴別人自己的想法時，也別只講結論，重要的是我們為何會得出這個結論。

無論是在跟人討論問題，或是在網路發言，我們要養成一個習慣，「無論做什麼主張，把理由說清楚。」因為，只有依據你的理由，我們才能評估你的思考，以及得出結論的可信度。**一個好的思考，指的是好的思考過程，而不是正確的思考結果；一個愈好的思考過程，就愈容易導向正確的結果。**

當我們要評價一個思考時，必須仔細檢視思考的每一個步驟。這樣的檢視能力，就是在學習思考的鑑賞力，有了思考的鑑賞力，就可以自我評價思考的好壞。遇到不好的推理，便尋求改善，再經由不斷改良而淬鍊出一個最大合理性的解答，或是行動的最佳策略，逐步走向學習思考的正確目標。

如何學習評價思考的鑑賞力呢？最初的兩個步驟稱為「邏輯」與「批判性思考」，邏輯的訓練主要讓我們確認正確的推理；批判性思考的訓練可以強化我們對於不當推理的偵測能力，尤其當我們能夠捕獲各種似是而非的推理時，就較能避開思考的陷阱，簡單地說，就是提升我們的「偵錯神經」——偵測錯誤思考的敏銳神經。

學會這兩個技巧之後，再去認識哲學性思考中的其他部分，像是懷疑精神、逆向思考、智慧型思考、深度思考、主動性思考、創造性思考等等，瞭解這些思考型態，並且能夠欣賞與評價它們的時候，就等於學會了完整的思考鑑賞力，真正踏上不斷提升思考能力的正確道路了。

第二篇

練習邏輯思考、謬誤辨識、逆向思考

7 志玲姐姐的推理闖關

邏輯思考的前提、結論與有效論證

在兩千多年前的古希臘時期，有個哲學家叫做亞里斯多德。他是擁有「西方孔子」稱號的蘇格拉底的學生（柏拉圖）的學生。從某個角度來說，他發明了邏輯學。之所以說他發明了邏輯學，是因為他似乎是憑空造出了這樣的學問，在他之前的哲人們似乎都沒有任何類似的主張（當然也可能是被歷史遺忘了）。

亞里斯多德的偉大發明

有一天，亞里斯多德發現，在人類天生的各種思考習慣中，自然而然運用許多思考的法則，而在這些思考的法則中，有一些可能產生錯誤，而另外有一些則永遠是正確的。他找到了一些方法，可以用來準確地區分兩者，於是就形成了最初的邏輯學。

在當代經過改良的邏輯學中，我們可以更清楚地呈現這些思考法則。把這些正確的法則列出來，就形成了一系列的「邏輯法則」，只要所有推理都依據邏輯法則，我們的推理過程保證是正確的。當我們熟記這些邏輯法則，並且應用在日常生活的各種推理時，不僅可以掌握自己推理的正確性，也能夠用來評價別人的推理。所以，邏輯思考的訓練可以提升對思考的鑑賞能力。

在上面的說明裡，當我們說「正確」時，指的只是推理正確，並不表示結論一定正確，但是我們可以假設如果推理的依據（前提）都是正確的，而且有著正確的推理，那麼依據邏輯學，結論將必然是正確的。這也是亞里斯多德的一個偉大發現。

需要特別注意的是，「正確推理」這個詞彙在日常生活中和在邏輯學中意思不太一樣。在日常生活中，「正確的推理」通常可以意指「推出了正確的結論」。如果推理出錯誤的結論，還說這叫正確推理，似乎很奇怪。但在邏輯學上，「正確推理」通常只針對推理本身，不管結論是否正確。所以，為了區別兩者，我們換一個專有名詞：「有效推理」或是「合乎邏輯的推理」。

「林志玲是女藝人」的推理

「有效推理」這個邏輯學專有名詞的意思就是指「合乎邏輯的推理」，也就是運用各種邏輯法則來推理。當我們正確應用這些法則做推理時，只要是依據正確的前提，必然得出正確的結論；然而，如果依據的前提是錯誤的，自然也就不一定會導出正確的結論，但推理仍舊是個有效推理。

舉例來說，最簡單的一個邏輯法則是「從兩件事中，推出其中一件事。」假設我們用來推理的前提是：「林志玲是女藝人。」這個句子事實上可以分成兩件事，就是「林志玲是女人」以及「林志玲是藝人」，當我們從這個句子推出其中一個句子時，不管推出的是「林志玲是女人」或者是「林志玲是藝人」，這樣的推理都是有效的。因為很明顯的，只要前提正確，結論也一定正確。

應用這個邏輯法則，同樣可以從「林志玲是男藝人」推出「林志玲是男人」。這個推理的前提是錯誤的（因為林志玲實際上是女人），而且也得出了錯誤的結論，但這個推理依然是有效的，在這裡「有效的」這個邏輯專門術語指的是「如果前提正確，則結論必然正確」。也就是前提與結論之間的一種邏輯關係，而不談前提與結論的正確與否。這是學習邏輯時需要特別注意的混淆。

關於志玲姐姐的幾種論證

另一個很重要的專門術語稱之為「論證」。前提、結論與推理過程合稱為論證，評價論證的方式則是有效與無效。論證中的推理過程全部都是有效推理時，就稱之為「有效論證」，反之為無效論證。那麼，學了這些專有名詞之後，讓我們試著看看以下情形都是有可能發生的：

(A) 依據正確的前提，以有效論證推理，推出正確的結論。

例如：林志玲是女藝人，所以，林志玲是藝人。

(B) 依據正確的前提，以無效論證推理，推出正確的結論。

例如：林志玲是女藝人，所以，林志玲是台灣人。

(C) 依據正確的前提，以無效論證推理，推出錯誤的結論。

例如：林志玲是女藝人，所以，林志玲是美國人。

(D) 依據錯誤的前提，以有效論證推理，推出正確的結論。

例如：林志玲是男藝人，所以，林志玲是藝人。

(E) 依據錯誤的前提，以有效論證推理，推出錯誤的結論。

例如：林志玲是男藝人，所以，林志玲是男人。

(F) 依據錯誤的前提，以無效論證推理，推出正確的結論。

例如：林志玲是男藝人，所以，林志玲是台灣人。

(G) 依據錯誤的前提，以無效論證推理，推出錯誤的結論。

例如：林志玲是男藝人，所以，林志玲是美國人。

以上的組合都有可能發生，但最重要的是，以下情形是絕不可能發生的：

(H) **依據正確的前提，以有效論證推理，推出錯誤的結論。**

邏輯思考的價值

也就是說，當我們**依據正確的前提，以有效論證推理，推出的結論一定是正確的**。邏輯學在日常生活的推理中，最有價值的地方就在這裡，只要我們能夠從正確前提出發，那麼，只要使用有效推理，結論必然正確。相同的，即使我們無法先確認前提的正確性，只要我們的前提有相當程度的可信度，依據有效推理，則結論一樣具有可信度。就算我們無法完全使用有效論證來推理（因為有些推理需要冒點風險），那麼我們一樣可以說，只要一個論證愈接近有效論證，則此論證的可信度也愈高。從這些角度，我們就能夠去評估一個思考的合理程度與說服力程度了。

8 如果他有一百萬，他就會出國唸書；所以，如果他出國唸書，他就有一百萬？

應用邏輯法則的思考

當我們學會了各種邏輯法則之後，就可以抽絲剝繭去檢查一個思考過程的全部推理，暫且不管前提是否正確，至少先檢視這些推理的有效與否。如果整個推理亂七八糟，完全不符合邏輯法則，那麼不管前提是否正確，這個思考都是沒有說服力的。當推理過程符合邏輯法則的程度較高（或甚至完全符合邏輯法則），便可以開始檢視其前提是否有可能是對的，如果是的話，那這樣的思考就比較有參考價值。前提的準確度愈高，以及推理的有效程度愈高，結論的合理性與可信度自然就會更高。

當我們學會了各種邏輯法則，並能正確地使用它們，我們對思考過程的鑑賞力也就自然提升了。

邏輯推理小測驗

在大學學習基本邏輯的課程中，大約需要記憶十八條邏輯法則，但有些法則實際上屬於天生推理能力，不太需要特別學習，就像上面所舉的例子（從兩件事推出其中一件事），即使是沒學過邏輯的人，都知道（而且可以肯定）這樣的邏輯推理是正確的。除非要學習完整的邏輯系統，否則這些法則就不用特別去學了。在這裡，我特別指出一個日常生活中比較沒把握且容易弄錯的邏輯法則。

假設有一個前提：「如果小明有一百萬存款，他就會去美國留學。」

那麼，下列哪一個句子是依據這個前提的有效推理呢？

(A)如果小明沒有一百萬存款，他就不會去美國留學。

(B)如果小明去美國留學，那就表示他有一百萬存款。

(C)如果小明沒去美國留學，那就表示他沒有一百萬存款。

上面這三個選項中，只有一個是有效推理，其他兩個都是無效推理。好好仔細想一想，其實很多人可以想得出來，但是當日常生活中類似問題糾結在一起，我們通常不會仔細檢視，因此一不小心就很容易出錯。在這種情況下，有一種訓練很有用，就是把這些例子抽象化，用很簡單的符號來取代它們。只要熟練抽象符號的運算，在日常生活中，即使很多類似問題糾結在一起，我們一樣可以很乾淨俐落地找出推理的法則，並且檢視其為有效或是無效。

這個例子的答案是(C)，只有(C)是有效推理，其他兩個都是無效推理。依據前提，我們只說：「如果小明有一百萬，那他就會去美國留學。」這句話或許會暗示如果沒一百萬就不會去留學，但也不一定有這個意涵。

例如，如果有學生要我幫忙看一下他的非課程範圍內的文章，並且給點意見。由於我沒有義務要幫這個忙，所以可能會說：「如果你最近用功一點，不要蹺課，我就幫你。」這個說法的用意可能在於順便鼓勵學生用功一點，但如果他沒做到，而且還是把文章拿來了，這不表示我一定不會幫，就算我幫了，也沒有違背我之前所設定的條件。所以，針對(A)選項，即使前提是對的，結論也未必正確，因此這個推理就屬於無效推理。同理，(B)也是一樣的。有一百萬就會去，不表示沒有就不去，也不表示去了就是有。

練習抽象化的思考

當我們把這些推理用簡單的符號取代之後，只要習慣它，可以更清楚把握。

例如，首先用大寫英文字母取代一個句子：

令，P＝小明有一百萬存款。

Q＝小明會去美國留學。

再以「～」此符號代表句子的反面。讀作「非」。

以「→」此符號代表「如果……，則……」的句子形式。

（其他常見符號是以「∨」代表「或」；而以「·」代表「且」。）

那麼，我們可以把前提改寫成「P→Q」

而各選項可以改寫成：

(A) ~P→~Q

(B) Q→P

(C) ~Q→~P

由於(C)是有效推理，從前提到(C)的推理形式就是一個邏輯法則，無論P和Q用什麼樣的句子取代，只要符合這種推理的結構，就是有效推理。相反的，由於從前提推到(A)和(B)的結構都可能導致「前提正確而結論錯誤」的情況，所以這些推理都有可能會出錯，因此它們都算是無效論證，不管P和Q是什麼樣的句子，情況都不會有所改變。

但要記得的是，這並不表示這些無效論證推出的結論一定是錯的，這在前面有特別強調了，當我們發現一個思考裡面具有無效論證時，這只是告訴我們，這個思考會有問題，結論的可信度較低。但它的推理結果仍然有可能是對的，只是對的機會低一些。

抓出似是而非的推理

當我們熟悉了各種邏輯法則之後，就愈來愈能夠仔細檢視一個思考的各種步驟，並更清楚且更迅速地評估一個思考的可信度與合理性究竟到達哪一個層次了。

學習邏輯法則的下一步，要辨識許多很難看得出來、似是而非的推理，學會在思考中找出這些亂源，除去它們，並且改進思考，這將會大幅提升思考能力以及對思考的鑑賞力。不過，這還要稍微等等。下一章，我們要再談一個常見的邏輯法則。

9 下定決心學好英文，怎麼思考才有用？

雙刀論證的邏輯

除了上面討論到的邏輯法則之外，還有一個很實用的邏輯法則，很適合大家學習。這個邏輯法則乍看之下有點複雜，但只要稍微用點心瞭解，並不會太困難。首先來看看它（看起來有點複雜）的邏輯形式：

實用的邏輯法則與形式

1. P→Q
2. R→S
3. P∨R
4. 所以，Q∨S

用口語來描述這個邏輯形式，可以這樣說：假設P、Q、R、S是四件事情，它們之間的邏輯關係如下：如果P成立（意即P這件事情為真實事件）時，則Q一定會成立；而且如果R成立時，S一定會成立。現在我們已經知道P或R至少有一個會成立，那麼我們就可以推理出：Q或S至少有一個會成立。這樣的推理是一個有效推理（當前提全部為真時，結論必然為真）。

我們可以用一個實例來表達這種推理型態：

1. 如果小王要去夏威夷，則他會搭飛機。（P→Q）
2. 如果小王要去小琉球，則他會坐船。（R→S）
3. 小王要去夏威夷，或者要去小琉球。（P ∨ R）
4. 所以，小王會搭飛機或是坐船。（Q ∨ S）

在這個推理中，1～3是前提，當前提全部為真時，結論必然為真。所以，這是一個有效論證。只要推理符合這個形式，就具有「有效論證」的保證。

日常生活的實際應用

在日常生活中，類似這種形式的推理常常會以某些特殊情況出現，例如，當Q和S是同一件事情時，那就會得出一個很實用的單一結論，這個邏輯形式如下：

1. P→Q
2. R→Q
3. P∨R
4. 所以，Q

以實例來說，有一天，有個學生跟我討論她的生涯規劃，她希望未來可以當空姐，可是英文不夠好，怎麼辦呢？她的問題在於英文不好，而且英文又很難速成，另外空姐考試有年齡限制，如果全力去讀英文考空姐，來不及的可能性很高，感覺上賭注太大，於是她很猶豫不知該如何抉擇，以及該不該多花時間去學好英文。

這時，我問她為何想當空姐？她說，她很希望未來能夠常常出國，如果工作本身就可以常常出國，那就太完美了。於是我跟她建議，要不要也考慮一下國際旅遊的領隊呢？這更是一個工作和出國能完美結合的工作。她覺得這個提議也不錯。於是，我們就可以引出以下論證：

1. 如果未來要考空姐，則必須學好英文。（$P \rightarrow Q$）
2. 如果未來要當國際旅遊領隊，則需要學好英文。（$R \rightarrow Q$）
3. 未來去當空姐，或是當國際旅遊領隊。（$P \vee R$）
4. 所以，需要學好英文。（Q）

藉由這個推理，無論是否來得及考空姐，都可以先好好把英文準備好。當然，對於完整的生涯規劃來說，光是只有這樣的論證太過草率，還需要考慮國際旅遊領隊這項工作的其他必備能力，以及是否存在有其他更好的選項。我們需要更完整的思考才能找出最佳策略。

這個推理型態的特色在於，當我們對很多事情猶豫不決時，像是對未來的生涯規劃，不知該讀文組或是理組、不知該先當兵還是先考研究所，在這些選項中，事實上都有共同必須完成的事情要做。感到徬徨時，不要讓時間在恍惚中流逝，也不要在無意間，放任自己把難以抉擇的關卡，當作偷懶的藉口，因為它們必然有著共同需要學習的能力，把這些東西找出來，即使尚未下定決心，我們依然可以繼續向前。這是這個邏輯形式對日常生活的有效應用。

知名的「雙刀論證」

事實上，這個邏輯形式還有一種更特殊的狀況，就是當R剛好是P的反面時，也就是當R＝~P時，會出現另一種很著名的論證形式，這個論證形式有個特別的名稱，叫做「雙刀論證」。這個名稱的想像是彷彿在一個三叉路上，其中兩條路線都有人拿著一把刀指著你，讓你只剩下一條路可以走，沒得選擇。其邏輯形式表達如下：

1. P→Q
2. ~P→Q
3. 所以，Q

這個論證從原始結構中省略了一個前提：（P∨~P），這個前提之所以可以省略，那是因為它名列為邏輯三大定律之一，稱之為「排中律」，排中律的意思是說，「某件事跟這件事的反面至少有一為真。」（亦即P或~P至少有一為真，正反二選一，中間選項全部排除，所以叫做「排中律」）例如，「我是男人」和這句話的反面「我不是男人」，這兩者中至少有一為真。

（跟排中律並駕齊驅的另一個定律比較常被大眾知曉，叫做「矛盾律」，矛盾律的邏輯表達式為：～（P‧～P），意思是說，某件事和這件事的反面不可能同時為真，例如，「我是男人」和「我不是男人」這兩句話不可能同時為真，否則就導致矛盾了。）

在這個雙刀論證中，我們可以找到許多日常生活的例子。例如，在爆發了一連串黑心食品的風暴之後，雖然大多數人都把箭頭指向廠商，但也有人認為政府有一定的責任。論證如下：

1. 如果政府事先查不出黑心食品，則政府有疏失。
2. 如果政府事前查得出黑心食品（卻一直沒去處理），則政府有疏失。
3. 所以，無論政府是否事前有查出黑心食品，政府都有疏失。

這就是一個借用雙刀論證的推理。由於這是有效論證，所以如果前提都為真，則結論必然為真。當然，這並不表示我們一定要被這個論證說服，如果我們不接受這個結論，可以嘗試挑戰任何一個前提，只要有一個前提未必為真，那麼即使是有效論證，也不保證結論必然為真。

神與石頭的推理

這個雙刀論證的應用還有一個很著名的推理，常常在網路上被一些反宗教人士談起：「神是否可以製造一個自己搬不動的石頭呢？」論證如下：

1. 如果神可以製造出來，則神不是全能的。（因為存在有祂搬不動的石頭。）
2. 如果神製造不出來，則神也不是全能的。（因為存在有祂做不出來的東西。）
3. 所以，神不是全能的。

從某個角度來說，這個論證的前提都為真，而且還是一個有效論證，那麼照理說，結論也必然為真。但事實上，這個論證在有效的情況下，得出的結論並不是反宗教人士真正想要得到的結論，而真正想要得出的結論卻無法成功導出，因為這裡面藏有著其他問題。

要找出這類論證的問題，對大多數人來說非常困難，而且光是邏輯法則的訓練是不夠用的。這時我們需要一種專門找出錯誤思考的訓練，稱之為「批判性思考」。這也是我們學習如何評價思考，以及提升思考鑑賞力所必須學會的一項技能。

10 全能的神製造自己搬不動的石頭

讓錯誤現形的批判性思考

批判性思考主要是針對「想法」進行反思，目的是在想法中找出可疑之處。批判性思考愈強的人，就愈容易發現在一個思考中，有可能會出現什麼樣的問題，以致於整個想法的合理性與可信度受到干擾。當一個想法可以盡可能排除掉這些可疑之處後，其合理性與可信度自然就大幅提升了。

學習辨識謬誤

以前面那個用來否定「全能神」的論證來說，它的推理問題之所以很難被發現，是因為整個論證被一個有效邏輯形式包裹起來，它可以被解讀成一個前提全真的有效論證，也可以不是。問題出在「全能」這個詞彙的意義，以及我們認為理所當然而且可以省略的那個推理步驟，也就是看起來最不可能出錯的「排中律」。即使是邏輯基本定律也有它的適用範圍，超過這個範圍，一樣不靈。

讓我們先藉由分析這個論證為例來說明批判性思考。批判性思考的主要標靶叫做「謬誤」，也就是「似是而非的推理」。對於日常生活中大多數的錯誤推理來說，我們天生的推理能力非常夠用，大部分的推理錯誤都能被我們辨識出來，可以說在日常生活中，我們的思考有百分之九十九是對的，也因為如此，我們對自己的推理大多深具信心，而誤以為自己不會製造錯誤推理。但是，有某一類型的錯誤推理具有一種「似是」的特質，因為它們看起來就像是正確推理一般，這導致我們會自然而然信以為真，而形成有問題的思考。

學習批判性思考的一個很大的部分就是要學習「辨識謬誤」，學習辨識謬誤的方法就是記得各種謬誤的特徵，然後當這些特徵出現時，一眼就能夠發現它們。當我們記得這些謬誤的名稱、特徵，並且多多練習之後，可以提升在日常生活中發現它們的機會，也強化我們「偵錯神經」的敏感度，以及對思考的鑑賞力。

全能神的「歧義」謬誤

首先，這個企圖否定全能神的論證犯了一個稱之為「歧義」的謬誤。歧義謬誤的特徵是：「在一個推理中，某個詞彙有不同的意義被使用。」當一個看起來相同的詞彙被賦予不同意義時，就可能導致錯誤推理，但這樣的錯誤很容易讓人忽略，因為表面上看起來是個有效論證，而且從某個（並非真正推理目標的）意義來看，的確也是有效論證，但在另個（企圖想得出的）意義下，是個無效論證。

從實例來看，這個論證的「全能」可以有兩個不同的意義，一是「符合邏輯規範下的全能」，也就是說，這樣的全能是有限制的，仍舊不可以違反邏輯規則。例如，這種全能神不能把小王變成既是男人又不是男人，因為這違反邏輯的矛盾律。

另一個全能的意義是真正的全能，不僅可以做到任何事情，也不受邏輯的限制，這種全能神就可以把小王變成既是男人又不是男人。那麼，我們從這兩個意義分別來看上面的論證：

1. 如果神可以製造出祂搬不動的石頭，則神不是全能的。
2. 如果神製造不出祂搬不動的石頭，則神也不是全能。
3. 神可以製造出祂搬不動的石頭，或者祂製造不出來。
4. 所以，神不是全能的。

這個論證把隱藏的第三個前提也放回去了，這樣比較完整，也更容易發現問題所在。那麼，我們來檢視兩個不同意義的推理有什麼結果。

「全能」意義的三種解讀方式

在第一個意義的解讀中，「全能」指的是在邏輯的規範下，也就是依然不能做出違背邏輯的事情，這個論證是有效論證（推理沒有問題），但結論只能是「在邏輯限定意義下的全能神不是全能的，因為還有一些祂不能做的事情。」在這裡，我們可以發現，這個解讀的論證依據神不能違背邏輯的先決條件，然後導出存在有祂做不到的事情（因為任何會違背邏輯的事情祂都做不到）。這整個推理說白了就是說：「神不能違背邏輯，不能違背邏輯就不是全能，所以神不是全能。」

這樣就可以很清楚發現，這個推理在這個意義下雖然正確，但沒有什麼意義，因為這就等於我們先定義神不能違背邏輯，然後導出神不能違背邏輯。

另外，這個主張的結論也無法用來反駁宗教人士的主張，因為宗教人士通常認為神的全能是不受任何限制的。

這個論證的第二個解讀，其結論是針對一般宗教人士定義來反駁，全能指的是沒有任何限制的無所不能，包括不受邏輯法則所規範。但原本隱藏的那個前提三卻暗示「神必須受邏輯約束」，因為這個前提表示神要遵守排中律，雖然這樣可以符合前提全真的要求，但在這種情況下，這個推理就等於是在一個論證中，同一個詞彙有兩種不同的意義——神的能力要受邏輯約束以及不受邏輯約束兩種意義，這就犯了「歧義的謬誤」，論證也就無效了。

那麼，第三種解讀，從頭到尾把神的「全能」都理解成「不受邏輯規範的全能」又如何呢？雖然這沒有犯歧義的謬誤，結論也可以用來反駁宗教人士，但這麼一來，前提三卻是錯的。由於在此定義下的神可以不受邏輯規範，那麼，神根本就不需要遵守排中律，也就是說，一個不受邏輯規範的神可以「並非能夠製造自己搬不動的石頭，也並非無法製造自己搬不動的石頭」。這麼一來，前提三就不為真。在這種情況下，即使論證有效，也不保證結論為真。所以，這個論證基本上是失敗的。

讓錯誤的思考無所遁形

或許，有人會認為違背排中律是無法想像的事情。因為無法想像，所以認定這樣的事情一定是不可能的，也因此認為即使是全能的神，也不可能做到這點。

這個理由基本上是沒有用的，因為現在有太多雖難以想像，但已被認為是正確的事情，像是愛因斯坦相對論裡的空間彎曲理論、量子力學裡主張粒子可以同時出現在不同地方等等。也就是說，一件事情是真或是假，無法依據人類大腦是否能夠想像作為衡量的標準。另外，這個論證的目的是企圖否定許多宗教人士對神的想法，這些宗教人士也從來沒有說神是可以被人類想像力所把握的存在啊！

透過這個例子的討論，我們可以更清楚瞭解，批判性思考的目的，在於找出平時難以發現的思考錯誤，並加以剖析，讓這些疑點現形，如此一來，我們便可以盡量避免在思考的路上誤入歧途。

11 白馬不是馬，會是什麼東西？

歧義的謬誤與謬誤的應用

在歧義謬誤的各種案例中，最典型且最著名的一個，大概是戰國時代名家公孫龍的「白馬非馬論」。他的推理大致上可以用以下論證來表達：

1. 「馬」這個詞，指的是馬的型態。
2. 「白馬」這個詞，強調的是馬的顏色。
3. 型態不是顏色。
4. 所以，白馬不是馬（白馬非馬）。

無害與有害的錯誤推理

雖然這個論證的結論讓人無法接受，但這推理乍看之下似乎還滿有道理的。這樣的情況就會讓人產生困惑。雖然會產生困惑，但這種論證對大多數人應該都無害，因為就算我們無法看出論證問題出在哪裡，也不會相信這個結論，所以我們會很肯定，這個論證一定有問題，只不過我們看不出問題在哪罷了。

然而，不要因為這樣就放鬆警戒，試想一下，如果結論不是這麼誇張得叫人無法接受，甚至還很合理時，這種看起來很有說服力的錯誤推理，很有可能讓我們相信它的結論。誰知道那時出現的結論會是什麼？說不定會是一個讓我們做出重大錯誤抉擇的觀點，想到這裡，有沒有感到驚心呢？那麼，讓我們在慘痛教訓發生之前，先學習如何看破這種錯誤推理吧！

「是」什麼意思？

在這個論證中，最重要的地方在於3和4的「是」這個字。第三句「型態不是顏色」的「是」，其意義為「等於」，也就是「型態不等於顏色」，這是正確的，而且1和2大致上也可以說是正確的。如果不要犯歧義的謬誤，我們可以推理出「白馬不等於馬」，這樣的推理可以算是有效的。也就是說，的確可以得出「白馬非馬」這個正確的結論，只不過它的意義是「白馬不等於馬」，而不是一般大眾認為的（也是公孫龍企圖想得到的）「白馬不屬於馬」。

如果硬要把結論理解成「白馬不屬於馬」，會導致在一個論證中，某個詞有兩種不同的意義被使用，這就犯了歧義的謬誤，也成了一個無效論證了。

當一個推理被包裹在有效論證的假象裡面，詞彙的意義被偷天換日，如果沒有能看穿這一切的批判性思考的眼光，我們就很容易產生迷惑。

據說，公孫龍靠著運用這個謬誤所產生的詭辯術，騎著白馬進入一個禁止騎馬的城市裡，雖然這故事未必可信，但類似事件也不無可能發生。這顯示一件事實，謬誤不全是需要抵制的東西，如果善用它們並駕馭得當，可以成為很有用的工具。尤其在商場、戰場，可以作為欺敵的工具，甚至在日常生活中，也可以成為化解危難的巧妙智慧。

運用「歧義」化解難題

舉例來說，假設一個無辜卻被判死刑的朋友逃到你家躲起來，當警察跑來問你有沒有看見他時，你怎麼回答？當你知道他是被政治迫害的正義之士而想要保護他，但又不希望說謊，能不能不說謊而又可以保護朋友呢？

這個兩難問題原本是要你在兩者之間做取捨，但是你只要運用歧義謬誤就可以創造第三條路出來。例如，你可以說：「我有一陣子沒見到他了。」這句話警察聽了可能就會解讀成「你很久沒見到他了」，進而自動推理成「他沒躲在你家」。然而，你的意思卻可能是：「我有十分鐘沒見到他了。」這麼一來，你沒說謊，而警察也走了。這也是歧義謬誤的應用，利用「一陣子」的不同意義，達成不說謊又能救人的目的。

或許有人認為這種故意誤導的行為還是很不應該，對於有道德潔癖的人來說，這仍算是某種程度的說謊，而難以接受。其實，有許多謬誤可以在日常生活中活用，沒有任何不道德的問題。

「把合理當正確」的謬誤

例如，我們常常被告知存摺和原印鑑一定要分開放，以免被小偷同時偷走。現在多了密碼保護，密碼若記不住，寫下來的密碼也要放在不同的地方。這個建議雖然很好，但為了藏得巧妙，常常搞得自己都忘了這些東西在哪裡。而且，只要小偷有足夠的時間，通常還是可以慢慢把這些東西全部翻出來。

應用一個「把合理當正確」的謬誤（我們常常會把合理的想法誤認為就是正確的事實，當我們這樣思考時，就算是犯了這個謬誤），我們可以把一個假的印鑑和一個假的密碼連同真的存摺放在一起（而真印鑑和真密碼隨便放在一個好記的地方即可），當小偷看見後，他自然會（很合理的）認為你這個笨蛋把它們放在一起，隨即（當作是正確的）很開心的就全部拿走了。如此一來，小偷落入了你設下的詭辯陷阱，而你減少大量的損失。這種謬誤的應用，何樂而不為呢？

學習謬誤，不僅能夠提升辨識錯誤思考的敏感度，也同時增進在日常生活中化解危難的智慧。

12 今年夏天熱爆了，冬天一定很冷？

辨識以偏概全的謬誤

如果剛進一家公司或是一個新班級，為了讓人覺得你很重視他們，就必須在短時間內記憶大量人臉與姓名。光是「靠感覺」來記憶實在太慢，而且很容易搞錯，不小心還會得罪小心眼的人。這時，得抓緊特徵刻意去記憶，像是月亮臉、尖下巴、大鼻子之類的。久而久之，當我們訓練出對同事或同學的熟悉感之後，便可以不用這麼麻煩了。

辨識謬誤也要把握它們的特徵，當我們認為某個推理犯了某個謬誤時，一定要回頭檢驗看看是否真的有這些特徵，否則光靠直覺很容易判斷錯誤。

從少量的證據推出全部

前面已經談論過「歧義」的謬誤以及「把合理當正確」的謬誤。現在我們來看一個日常生活中很常出現的謬誤型態——「以偏概全」。

「以偏概全」的特徵就是有個「偏」和有個「全」。「偏」指的是「少量的證據」，通常是少數幾個個例，而「全」則是指全部或至少是大多數。從少量的證據推理出全部，這自然是一個錯誤推理了。例如，班上有兩個人在上課時講話（偏：兩人），依據這個證據老師說：「你們班同學怎麼都這麼喜歡在上課時說話。」（全：全班）這時（從字面上解讀）老師就犯了以偏概全的謬誤。

當然，這種謬誤大多數人都能發現，並不用特別學習，就算老師真的這麼說，事實上也不是真的犯了錯誤推理，多半只是講氣話而已，或是想利用全班被罵產生的壓力迫使講話的人閉口。在這種情況下，這不算犯謬誤。

通常，以偏概全的謬誤不會發生在這種結論明顯是錯的情況下，就像在上面的例子中，其他同學很明顯地沒在說話，如果在這種情況還產生謬誤，那簡直就是空口說白話了。所以，如果這種情況發生了，我們傾向於認為說話者有其他意思，而不是真的犯了思考上的謬誤。在這種情況下指出別人的謬誤，只會讓人覺得你在抓人語病，無法讓人真正受益。

當證據不足或缺乏之時

然而，當被觀察者之外的其他證據並不明顯時，情況就不一樣了。舉例來說，如果班上正在說話的那兩個人，是從別的學校來的旁聽生，那麼我們可能就會推理說：「那個學校的人怎麼這麼喜歡在上課時說話。」當我們缺乏其他證據（不瞭解那所學校的校風，以及不瞭解那所學校其他人的狀態），而能夠觀察到的小部分又剛好具備某個特質時（就像是喜歡在上課講話），我們就很容易認為他們全部都具備有這樣的特質。這是以偏概全謬誤容易形成的情況。

所以，如果不同族群之間的交流很少，族群之間就容易發生以偏概全的誤解。對於見聞廣博、有國際觀、理解各種文化的人來說，就比較不會在這種情況下做出以偏概全的推理。

如果有一天，我們遇見一個外星人，這個外星人非常友善，對科技發展提供很多幫助，也對人類文化很感興趣。那麼，我們不僅會自然而然地認為該星球的人都是如此，甚至誤以為所有外星人都是這樣。人們很容易藉由以偏概全的思考所導致的結論。

學習辨識這種推理型態的方法，就是當我們做了一個關於「全部」的推理時，可以稍微停下來注意一下，看看是否犯了以偏概全的謬誤。如果是的話，那就客觀評估一下，這樣的以偏概全有沒有其他更好的理由支持，以及其可信度有多高。畢竟，少數也是證據，能夠提供相當程度的參考作用，但可千萬別像以偏概全的推理一般，將它的可信度過度放大了。

隱藏版的以偏概全

以偏概全的謬誤有時會以另一種型態出現，這種型態會把「全」隱藏起來，讓我們不易發現它的謬誤特徵。例如，依據過去幾年間的記憶，很熱的夏天總是伴隨著很冷的冬天，而今年夏天又很熱了，所以小王便推理出「今年冬天會很冷」。在這個例子中，小王過去幾年的經驗是「偏」，那「全」呢？由於這個推理隱藏了一個推理過程，所以「全」不見了。讓我們還原小王的完整推理如下：

1. 在過去幾年中，很熱的夏天總是伴隨著很冷的冬天。
2. 所以，很熱的夏天總是伴隨著很冷的冬天。
3. 今年夏天很熱。
4. 所以，今年冬天會很冷。

這個完整的推理型態從前提1推出結論2時，犯了以偏概全的謬誤，而把2當作下一個推理的前提，和前提3一起，推出了「今年冬天會很冷」的結論。在這兩階段的推理中，後者是有效論證（如果前提全部為真則結論必然為真），但可惜的是，前段推理是由以偏概全的謬誤所導致，因此其說服力就不足了。

把謬誤的特徵記住，當日常生活中的推理出現這些特徵時，就停下來仔細想一下，看看是否屬於此類謬誤，這樣會讓我們容易發現思考的問題所在，同時提升對思考的鑑賞力。那麼接著，我們再多學習幾個常見的謬誤型態。

13 因為他們很小氣，所以不買……

看清楚各種思考謬誤的路標

我們已經討論了「歧義」、「把合理當正確」，以及「以偏概全」的謬誤。熟記這些謬誤特徵，當它們在日常生活中出現時，我們就比較容易發現，並藉以更準確地評估一個思考的可信度。接下來我們要學習的三個常見的謬誤，分別是「輕率因果連結」、「訴諸無知」以及「批評稻草人」的謬誤。

因果關係跟你想的一樣嗎？

「輕率因果連結」謬誤的特徵就在於「因」和「果」。當某個事件發生後，無論是好還是壞，我們常常會問：「為什麼會發生這個事件？」當我們嘗試給出一個解答時，就等於是在做一個因果連結，把一個我們猜測的因，連上已發生事件的果，這樣的連結常常是很輕率的，在這種情況下，我們便犯了輕率因果連結的謬誤。

舉例來說，當小明要求父母花錢買昂貴的蘋果手機時，父母可能會反對，認為這種錢不要花比較好。在這個「父母拒絕幫小明買蘋果手機」的事件發生後，小明自問：「為什麼不幫我買呢？」然後得出一個結論「他們好吝嗇」。在這個思路下，小明用「父母很吝嗇」為（猜測的）因，去連結「他們不願意幫他買蘋果手機」的（已發生事件的）果，除非小明有其他更好的理由來支持這個因果連結，否則這個連結是很輕率的，因為還有其他更有可能的解答。在這種情況下，小明就犯了輕率因果連結的謬誤。

犯下這種謬誤之後，由於結論大多不容易檢驗（就像父母是不是真的吝嗇很難判斷），事後也難有正確答案供參考，於是這種謬誤所得出的結論，一個一個在大腦裡變成自己的專屬知識而留存下來，成為未來思考的基礎。雖然這些因果連結未必都是錯的（謬誤的思考也可能碰巧有正確的結論），但錯的機會很大。

當這類經由輕率因果連結謬誤形成的錯誤知識，大量盤據在大腦裡面作為思考的依據，就容易推理出很離譜的結論，而形成各式各樣的偏差觀念（甚至進而造成偏差行為）。這也是為什麼年紀較大的人，更有可能製造很離譜的思考觀點，因為在長年錯誤知識累積之下，已經讓思緒糾結到難以從錯誤中走出來。所以，當我們在做因果連結的推理時，須時時注意這個推理是否輕率，並客觀衡量其可信度，以避免在大腦中堆積一些錯誤的知識，減少未來混亂的思維，以及扭曲偏差的觀點。

不知道的事，不代表不存在

「訴諸無知」謬誤的主要特徵則在於把一些看不見、聽不見、沒發現的東西，都當作不存在。這聽起來很不可思議，例如我們看不見別人是否有穿內衣褲，但總不會把別人都當作沒穿內衣褲吧！這似乎不容易犯下思考錯誤。的確，對於我們本來就知道的事情，即使看不見也不會認為它不是這樣。但是，對於我們原本沒去注意的、不知道的事情來說，就沒這麼簡單了，事實上我們幾乎每天都在犯這種謬誤。

最簡單的一件事就是在洗碗盤的時候，當我們使用洗潔精時，都知道洗潔精殘留不好，也知道要洗乾淨，但在什麼情況下我們會認為已經洗乾淨、沒有殘留了呢？對大多數人來說，答案是「摸不到滑滑的感覺」時，也就是說摸不到時，就當作是沒有了（這就犯了「訴諸無知」的謬誤）。但只要仔細想想，這個推理一定是錯的，因為我們的觸覺每天都不太一樣，夏天和冬天差異更大，怎麼可以用這種觸覺當作標準呢？

或許一點點洗潔精殘留危害並不大，但這種謬誤的思考有時卻會導致生命危險。例如，在街道上常常發生的某一類車禍，就是由這種謬誤所導致。汽車開車門時沒注意後方，令後方突然行駛過來的機車騎士撞上車門後釀成悲劇。雖說這是開車門的人沒注意後方來車所造成的錯誤，但是機車騎士自己其實是可以預防這種情況發生的。由於我們習慣把看不到人的靜止車輛當作沒人在裡面，所以不會預期車門會突然打開，但只要不犯這個謬誤，就不會這麼肯定安全無虞，自然會避開太過接近車門的路線，也就能夠預防這類的意外了。減少謬誤的發生，有時還能保住自己的生命安全。

莫把批評建立在誤解上

「批評稻草人」謬誤的特徵在於「批評」與「曲解」（或是「誤解」）。這個謬誤是說，某人說的話被曲解，而後遭到批評。由於批評者所批評的，並不是真正那個人說的話，而是被曲解的主張，這就好像批評者自己做了一個稻草人，寫上說話者的名字與被曲解的言論，然後加以批評。

在政治界政敵們互相攻擊時，就常常故意曲解對方的言論，然後大罵特罵，企圖貶低對方。在日常生活中，人們也常常因誤解別人而妄加批評，這些都算是批評稻草人的謬誤。由於誤解在日常生活中發生的機會比我們所認為還要高上許多，所以當我們要批評別人的時候，請留意這個思考謬誤，稍微謹慎再想一想，這裡面是不是藏有什麼樣的誤解呢？只要開始這麼做，你便會發現誤解還真的時時存在呢！

這些謬誤的原理其實都很簡單，看一看就學會了，但是當謬誤在日常生活中出現時，我們往往還是捕捉不到，問題在於「知道了」和「可以發現」是不同的兩種能力，前者偏向單純的知識，後者則屬於一項技能。學習批判性思考最重要的是學習技能，要學好一種技能就必須不斷練習，回到日常生活中去尋找謬誤，以及大量閱讀各種案例（市面上許多相關書籍記錄有大量案例，可以參考），都有助於批判性思考能力的加強。當批判性思考能力強化的同時，整體思考力與鑑賞力也就跟著大幅增進了。

14 速食店對社會有益還是無益？

常見的麥當勞謬誤

除了前幾章討論過的幾個謬誤之外，最後再來談一個很容易在言談中發現到的類型，我將它稱之為「麥當勞謬誤」。這個名稱來自於一個學生的論證。

麥當勞與恐怖活動

有一天，在我的批判性思考課堂上，有個同學做了一個論證，他主張「麥當勞對社會有益」。他的推理大概是這樣的：

1. 麥當勞提供一個不錯的約會場所。

2. 麥當勞提供兒童有趣的贈品玩具。
3. 麥當勞提供不貴且快速的美食。
4. 麥當勞提拱許多學生工讀的機會。
5. 麥當勞也常常是約見面的地標。
6. 所以，麥當勞對社會有益。

這個論證對許多人來說很有說服力，由於前提1到5都屬於對社會有益的特點，總的來說，就可以得出麥當勞對社會有益了。那麼，這個論證有什麼問題呢？讓我們先看看下面的論證，就可以知道這類論證的問題在哪裡了。

1. 恐怖活動需要購買大量武器，可以促進經濟發展。
2. 恐怖活動可以降低人口壓力。
3. 恐怖活動讓許多無業者有工作機會（去當恐怖分子）。
4. 恐怖活動讓許多人（恐怖分子）的生命充滿活力。

5. 恐怖活動讓人們有許多茶餘飯後的聊天話題。

6. 所以，恐怖活動對社會有益。

看了這個論證，就很容易明白這類論證的問題究竟在哪裡。當我們只談其中一面而忽略另外一面時，就很容易產生偏向一方的結論。而且，當人們對此議題的反面不清楚時，就容易形成很強的說服力。

「質」的以偏概全

舉例來說，台灣很多人其實對大陸（中國）不瞭解，在這種情況下，當新聞媒體大量報導大陸方面像是兒童在公共場所便溺、黑心食品、殘忍對待野生動物的負面新聞時，自然就會形成一種不良的印象，好像大陸人都很糟糕一樣。然而，如果我們全面去瞭解，會發現其實這些都是少數，但由於大陸人口眾多，自然會出現比較多的「特殊份子」。

這個謬誤也可以算是一種以偏概全的謬誤，只不過這種偏不是量的問題，而是質的問題；不是少數，而是只從某個角度來談論。這樣的謬誤，缺乏一個很好的名詞來表達，於是從那位同學的報告開始，我就將這類謬誤型態戲稱為「麥當勞謬誤」。後來發現這個名詞很傳神，只要知道原始範例就很容易記憶，所以在找到更適當的名稱之前就暫時沿用下來。

事實上，在辯論場或是社會上出現爭議性話題時，絕大多數的論證都犯了這種麥當勞謬誤。

舉例來說，主張廢除死刑的人，拚命告訴你死刑有什麼壞處，而忽略死刑的價值。反過來說，主張保留死刑的人，拚命鼓吹死刑的好處，而不理會其缺點。這樣的推理，對於不瞭解死刑的人來說，都具有說服力，但對已經有立場的人來說，卻完全沒用。因此，這類社會議題討論了幾十年，大多數人還是搞不清楚問題爭議點何在。除此之外，安樂死的問題、核能的問題、墮胎的問題，在社會上的討論大多以這類謬誤形式出現。要不是完全不理會反面角度的思考，就是輕輕帶過，用簡單的理由去否定，在這種情況下，任何爭議問題都不會有形成共識的一天。

當發現某個感覺上很合理的觀點犯了這種麥當勞謬誤，我們應自然而然從反面思考，或嘗試取得反面角度的各種意見，綜觀之下，就可以對問題有比較完整的評估，以及更深入的思考。

「疑人竊鈇」的思考立場

針對自己的思考也是一樣，當我們覺得某個人很討厭時，就一直想他討人厭的部分；當我們對某個事件有特定主張時，就一直想著支持自己主張的角度和理由，常常忽略其他可能性。例如，爆發黑心食品事件時，由於很討厭那些負責人，就只從負責人的貪婪角度思考，觀察他的言行時，也都從這個角度來解讀，忽略其他可能性，這些都是麥當勞謬誤的思考型態。

在中國古書《列子》中記載了一個故事：一個農人掉了斧頭，懷疑是鄰家小孩偷的，於是怎麼看他的言行舉止，都像個偷斧頭的人。然而，當農夫在田裡發現自己遺忘的斧頭之後，再重新觀看鄰居小孩，他怎麼看就都不像是個偷斧頭的人了。

這就是立場影響思考的好例子。立場會讓我們從偏袒一方的角度去思考問題，思考的結果就是不斷印證自己原本的立場是對的。這種麥當勞謬誤的思考只會讓人愈走愈偏，愈來愈缺乏反思能力。瞭解了這種謬誤類型，學習去避免它，並開始習慣從反面思考，可以避免許多立場偏頗的推理，減少日常生活中不必要的衝突，這也將會是讓思考能力大幅躍升的重要轉捩點。

15 會唸書與不會唸書的學生都不需要寫作業？

掌握邏輯與批判性思考之後

當我們擁有邏輯與批判性思考的能力之後，那會是怎樣的情況呢？讓我們回到最初討論的主題：「學習思考主要在於針對沒有確定性的問題，學習從不確定的基礎出發，前往仍不確定的臨時終點。」我們要學習的是將這種不確定性盡可能提升到最高合理性，尋找最有說服力的解答。

要做到這點，對思考過程必須有鑑賞力，也就是能夠評估一個思考過程的合理程度。目前已經討論了兩個工具可供應用：邏輯法則與謬誤辨識。

邏輯法則告訴我們整個推理是否屬於有效論證：當前提為真時，結論必然為真。如果不是的話，就評估看看其距離有效論證還差多少（還需再補哪些前提進去），並藉此評估其可信度。如果是有效論證的話，這個推理過程可說是符合了合理性的最高標準，在這種情況下，我們只要去思考前提本身的說服力即可。如果所有的前提都具有說服力，那麼結論就具有說服力；但如果前提的說服力不足，我們就必須再去思考，獲得這些前提的推理步驟為何，是否也是有效論證，其所需的其他前提是否也具有說服力？

老師要不要出作業？

舉例來說，有一天黃老師在考慮是否出寒假作業，想到要改這麼多作業還真麻煩，而且他想到：「反正學生會唸書的自己就會去唸，對那些不唸書的學生來說，出了作業也沒用，不是浪費時間抄別人的，就是根本不寫。」所以，黃老師決定「不用出寒假作業了」。首先，我們可以把這個有趣的推理改寫成如下論證形式：

1. 學生可以區分成會唸書的和不會唸書的。

2. 會唸書的學生就算沒有作業也會去唸書。（作業無用）
3. 不會唸書的學生就算有作業，一樣不會去唸書。（作業無用）
4. 所以，作業對學生是否唸書是無用的。

從這個角度來看，這個推理形式類似上面談到的雙刀論證，它是一個有效推理。針對有效推理，我們可以仔細思考它的每一個前提，只要前提全部為真，則結論就一定為真。

然而透過批判性思考，我們可以發現這三個前提傳遞了一個很有問題的觀念，它預設學生只有兩種：「很積極自己會去唸」和「不積極到逼都沒用」。但實際上來說，多數學生是居中的，沒壓力時就不太唸書，而有壓力時就多唸一些。從這角度來看，寒假作業當然是有用的。所以，我們可以從這角度好好評價黃老師的推理，他的推理只適用於兩種學生，針對這兩種學生來說，這是一個頗有說服力的論證，但是如果考慮到其他類型的學生，則是不恰當的。對愈是屬於需要有壓力才會唸書的學生來說，這個論證就愈不適用。

有時，我們很容易被語言蒙蔽，在上面的例子，單純從黃老師的說詞中，學生被不當區分成兩大類（沒作業也會讀書而且也不會因為有作業而多讀書，以及有作業也不會讀書），要發現這個錯誤觀點並不容易。當我們能夠將之論證化後，會看得更為清楚；而當我們有更多的謬誤辨識訓練之後，也能強化這方面的能力。上面所犯的謬誤始於另一個前面尚未提及的「非黑即白」的謬誤，也可以稱之為「不當二分」的謬誤，即透過不當二分之後所導致的錯誤推理。有了更多的謬誤辨識訓練，我們愈能在日常推理中找到問題，進而進行更精細的思考評價。

青春永駐的隱藏前提

有時，光是邏輯法則的判斷就可以找出推理的問題。例如，「因為腸胃好，人就不容易老，所以腸胃如果不好，人就容易老。」

這個推理的前提是：「腸胃好，人就不容易老。」而結論是：「腸胃如果不好，則人就容易老。」從邏輯法則的角度來評價這個推理，會發現它是無效的推理，因為從 $P \rightarrow Q$ 事實上不能推出 $\sim P \rightarrow \sim Q$。但如果我們思考是否有其他沒提到的隱藏前提，那情況可能就不同了，例如其隱藏前提可以是：「腸胃的狀況是決定是否容易老的唯一因素。」如果是這樣的話，該推理就是有效的了。但顯然這個前提會是有問題的，其說服力並不高。這時，我們可以更從細部去瞭解，為什麼「腸胃好，人就不容易老」，其機制為何？瞭解之後，再進一步評估「腸胃如果不好，人就會容易老」的合理性與說服力，究竟可以到什麼程度。

邏輯法則和批判性思考的謬誤辨識訓練，有助於鑑賞一個推理並評估其結論的合理性與說服力。當我們具備這樣的能力，就開始能夠思考沒有確定性的問題，並得出較具合理性的解答。只要推理符合邏輯法則，沒有明顯的謬誤在裡面，那麼當前提的可信度提高時，結論的合理性也就跟著提高。

進入學習思考的下一站

當思考達到這種程度，可以說已經入門，搭上學習思考的列車，開始前進。

下一個步驟，要強化發現謬誤的敏感度以及懷疑精神。這能鍛鍊我們發現謬誤的能力，因為對每個人來說，「有沒有明顯謬誤在裡面」的標準是不同的，辨識謬誤的敏感度愈高，這個標準也就自然愈高。

另外，邏輯與批判性思考這兩種訓練，是針對既有的想法和推理，檢驗其合理性與說服力。對於擔任公司執行長或是重要部門主管的人來說，或許只要具備這些能力就足夠了，由下屬負責想辦法，決策者從中選擇最好的方案。然而，對於整個思考能力的培養來說，辦法是怎麼來的呢？當我們思考的目的並非是在交叉路口選擇一條路，而是要開闢出一條新路時，光有邏輯與批判性思考能力是不夠的，我們還需要其他類型的思考能力，後面將會陸續談到。學習這些思考能力，一樣要先瞭解它們，學習鑑賞，而後增進與強化相關能力。

16 好朋友鍛鍊你偵測謬誤的敏感神經

主動發現問題的懷疑精神

在批判性思考的課堂上，當我給出問題，讓同學們尋找謬誤時，只要經過一段時間的訓練，多數同學都能很快找出解答。在華梵大學哲學系裡，曾經辦過一場「批判熊嘉年華會」的活動，總共有四項批判性思考相關的競賽，其中一項是在干擾的環境中，以二十分鐘的時間，解答一百個謬誤選擇題。雖然並非每個人都能即時答完，但總有人能辦到，而且正確率接近八成。

雖然這種答題能力提升了，但是，當謬誤在日常生活中出現時（例如，同學在做報告時出現謬誤），僅有少數人能夠即時發現，甚至無人發現（只有我發現）。如果在發生謬誤的當下，我提醒大家「請注意剛剛這位同學說了什麼」，這時就立刻會有許多人發現謬誤的存在。也就是說，當我們接受過謬誤辨識訓練，而且注意力集中在找尋謬誤時，不難發現各種謬誤的存在，難的是，我們平時不會特別專注在謬誤的尋找上，所以當謬誤出現時，便容易忽略。簡單地說，即使學會謬誤辨識的能力，自動啟動偵錯神經的敏感度通常還是不足。

大師的幸運際遇

要增強這種敏感度，需要用一段時間特別去訓練自己，把注意力放在日常生活中的所有聽、說、讀、寫，並且盡量把謬誤找出來，不管這樣的謬誤是否有害。

日本企業顧問大師大前研一記述了一段學習思考過程的經驗。他曾經遇到一個同事搭檔，會不斷地質疑他、挑他說話時所產生的各種謬誤，不管是無心、口誤，或根本只是綠豆芝麻蒜皮的小事都不放過。當我們遇到這種人的時候，會覺得很煩，而且許多謬誤根本就無所謂。但不管怎樣，這位同事很討人厭地像蚊子一樣一直叮、一直叮。然而，大前研一事後不僅沒有生氣，還認為遇見他是件幸運的事情。因為，在這樣的對話中，必須時時刻刻注意自己（無論是有意還是無意）的言論，而且自然而然，也跟著開始注意起別人類似的言論。只要謬誤的特徵一出現，就像是一個大鐘在耳邊敲擊一樣。在這種情況下，偵測謬誤的敏感度訓練就完成了。當然，這只是針對我們已經能辨識的謬誤來說，對於某些更容易隱藏起來的錯誤推理，仍然需要仔細思索才能發現。

這種謬誤辨識能力的訓練，可說是一種「懷疑精神」的訓練。懷疑精神就是時常保持一種懷疑的態度。然而，在日常生活中，我們大多不習慣懷疑，而是保持相信，當別人說什麼時，除非難以置信，或是原本就已經很懷疑、很否定的事情，否則我們習慣先當作是事實。只要其具有合理性，就幾乎不會再去思考它了。也因為如此，我們很容易誤信網路上謠傳的合理訊息，以及符合自己立場的合理想法，但合理的未必是正確的。

科技公司董事長的危機

趨勢科技董事長張明正先生曾經說過一則故事。有一年，他去哈佛進修，認識了一位商學院老師，這位老師直接把趨勢科技這家公司當作是學生研究與批判的案例，學習尋找一家公司的潛在危機。研究完後，這位老師請張明正先生到課堂上跟學生對談。他一派輕鬆地走進教室，認為在公司這麼多年，對一切瞭如指掌，公司裡有一大堆博士級專家的協助，怎麼可能還會有什麼他不知道的潛在危機被這些大學生們找到呢？但是課堂結束後，他憂心忡忡地走出教室，沒想到自己的公司竟然存在著這麼多之前都沒注意到的問題。為什麼會這樣呢？

張明正董事長仔細思考之後，認為主要重點並不在於知識的多寡，或是聰明才智的程度，而在於員工普遍缺乏批判性思考精神。尤其對於老闆的個人判斷，只要合理就不加懷疑，所以當老闆的思考出現盲點時，往往無人知曉，這就會帶給公司很大的危機。

批判性思考精神，實際上也就是從懷疑精神出發而形成的一種思考模式。在日常生活中，對於許多重要的事情，我們要改變天生就去相信的習慣，不管多麼合理，只要這樣的事情是重要的、有危險的、可能導致不良後果的，我們都要先懷疑，而不是先相信。懷疑，就會促使我們去尋找可能造成錯誤的理由或是證據，如果找不到，可以暫且安心地去相信；如果的確有一些值得懷疑的地方，我們自然要更進一步去思考，原本獲得的資訊是否根本就是錯的。

如果不是先懷疑，而是先相信，我們會去尋找它的合理性，找到支持的理由，就自然而然接受它，但看起來合理實際上是錯誤的思考非常多，先相信的結果會讓我們錯失發現錯誤的機會。

對事，要在不疑處有疑

舉例來說，在台北市長競選時期，有一篇文章在網路流傳，說某位候選人參加單親媽媽義賣活動，買了五十元的地瓜之後就丟到垃圾桶了。

對於這個訊息，如果習慣先相信，就會去思考它的合理性。例如，這位市長候選人是富有家庭長大的，可能對地瓜這種東西沒興趣，也無法體會農人的辛苦而浪費食物，所以他會有這種行為其實還滿合理的。於是，我們很可能就會接受這樣的訊息。

但是，如果我們訴諸懷疑精神，會產生什麼樣的思考呢？如果一開始就先懷疑這是錯誤的訊息，自然而然會去尋找不合理的地方。例如，這位候選人明明就是為了選舉而去參加活動，在這種情況下，要討好別人都來不及了，怎麼可能會去做這種事呢？而且就算很不想買，也不想吃，既然買了，順手送給旁邊一同前來的工作人員不就好了，何必還要拿去丟垃圾桶？難道他不知道這樣做會讓人討厭嗎？

這些懷疑，讓我們朝向認為這篇網路訊息很可能是虛構的方向思考，雖然無法斷定是真是假，但可以客觀衡量兩邊的合理性程度，並選擇較合理的一邊，或不選邊站，直接保持一個存疑的態度。

這樣的懷疑精神，會引導我們審慎評估訊息的可信度，預防因為錯誤訊息而產生的不良後果。然而，懷疑精神雖然能防止受騙、減少錯誤抉擇，以及訓練批判性思考能力等許多功用，但也有它的缺點，尤其在人際關係中可能導致不良後果，這是我們需要特別注意的副作用。對事與對人需要不同的作法，後面還會再回頭討論這個部分。

17 偶像不符合心中美好形象，誰能忍受？

打通反向通道的逆向思考

前面談到過，未經發現的謬誤會製造假知識，長時期累積下來，許多假知識與真知識混合在一起，互相提攜而形成真假難辨的混沌狀態（對其他人來說是真假難辨，但對擁有者來說則會全部當真）。尤其當這些信念和情緒結合（否定某些信念會讓自己很不快樂，甚至很痛苦，以及相信某些想法會讓自己很開心），在這種情況下，即使運用懷疑精神，也攻不破整座由心防所建立的堡壘。要克服這種思考障礙，除了懷疑，還需要逆向思考能力，才能掙脫這些慣性思路。

立場與喜好令人盲目

以政治的例子來說，不同政治主張的人常常會討論到吵起來，那是因為他們的政治立場已經和喜怒哀樂融合在一起，喜歡某些政治傾向，厭惡敵對的政治集團，並且（以許多真假混雜的知識為基礎）強烈認為自己才是正確的一方。既然自己是正確的一方，另一方自然就是思考有問題而缺乏自知之明（所以常會罵對方「腦殘」）。當兩方都這麼認為時，這種討論要不吵起來也很困難。

以實例來說，當一個國民黨縣市長被指出有貪污嫌疑時，通常一個深綠的政治信徒會很容易相信這是一件事實，即使還不清楚有多少證據也不例外。因為這樣的想法符合他的整個（真假混雜的）信念，以及情緒期待：「看！我就知道國民黨官員都很差勁！」就算去思考，也大多只會去想有多少證據支持，而不太會去思考是否被誣賴。

反過來說，如果是一個深藍信徒聽到這個報導，會先從懷疑的立場著手，思考是否有可能是錯誤的，如果找到有任何蛛絲馬跡顯示有可能被誣賴，他就可能傾向於認為：「這又是政治敵手的抹黑手段。」會這樣想也是因為這較為符合他的整體（真假混雜的）信念，以及情緒期待。反之，如果貪污的是民進黨縣市長，情況也是一樣。

針對重要社會議題的情況也大同小異。例如，發生隨機殺人事件時，主張死刑的和主張廢死的，通通跳出來大聲疾呼：「看！這樣還要保留死刑嗎？」（因為死刑的存在，導致有人想要尋死而隨機殺人）以及，「看！這樣還敢主張廢死嗎？」（有這種可惡的人存在，不判死刑有天理嗎？）兩邊的人各取對自己觀點有利的理由，各說各話，毫無交集。

運用懷疑精神，我們可以要求自己懷疑自己的判斷，但懷疑之後又如何呢？通常，在這種情況下，懷疑之後頂多再多找一、二個理由來支持自己不喜歡的主張，思路走不了多遠，心裡就會自動出現更多理由來否定這些想法，強烈的逆流衝擊下，又輕易被拉回原本的信念，無濟於事。

讓思考逆流而上

要克服這種思考障礙，我們必須運用「逆向思考」，在情緒與舊信念的雙重壓力下，逆勢打通一條違背自己原本意願的思考通道。至少必須能到達「讓原本反對的信念產生合理性」的據點，再回頭分析與比較不同思路的合理程度，最後找出最具有客觀說服力的解答。

這種思考能力之所以稱為逆向思考，那是因為思考過程就像是在河中逆流而上，很困難、很吃力，如果沒有堅持與持續，就立刻會返回原點，徒勞無功。

以剛剛那位深藍信徒來說，他必須忍受「原本支持的人跟自己認為的不一樣」的痛苦想法，逆流思索，像是深綠信徒一般，尋找那位縣市長可能真的犯罪的理由，客觀評估其可能性，不要受個人情緒干擾，而後再評估貪污與沒有貪污的兩條思路，何者較具有說服力？這樣的思考就會比較客觀，而不是完全沉浸在個人喜好裡面。當我們具備這項能力時，思考便真正成為探索真相的工具，而不是個人情緒與立場的附庸。

有了懷疑精神加上逆向思考能力，就能讓我們的思考從個人主觀走向客觀性，判斷是非對錯比較不受個人情感的干擾，讓思考更為自由。有了這個認知，也就懂得評鑑自己與別人的思考是否具有客觀性。然而，這種思考能力要如何學習呢？

卡住時，寫下來！

學習逆向思考，其實沒有什麼訣竅，像學習各種球類運動需要不斷練習一樣，就是多做逆向思考練習，久而久之便能愈來愈上手。但剛開始時非常困難，常常逆向走幾步思路就卡住了，完全走不下去，甚至大腦還會出現一片空白，忘記自己正在做什麼。

在這種時刻，可以運用紙筆的協助，把要思考的問題寫下來，假設自己所不喜歡的答案是對的，運用麥當勞謬誤（只去想支持它的各種理由），盡可能逆向思考，想像這個不喜歡的答案是很合理的，邊想邊寫，卡住時就順著寫下的思路重新再走一次，直到思路終於暢通，感到這個答案也是有可能的、合理的，才告一段落。

在思考逆流成功的時刻，我們往往會陷入疑惑，開始質疑自己原本的想法，並且在理智上有所反思，會不會這個自己一直認為一定是錯的想法，實際上才是正確的呢？如果常常做到這種程度，就可以算是獲得逆向思考能力了。

獲得逆向思考能力的同時，也就獲得了逆向思考的鑑賞力，可以評價他人是否有能力逆向思考。

18 你的思考有問題，犯了小學生都知道的謬誤！

謬誤、批判性思考與人際關係

謬誤事實上是人天生的思考習慣，很難避免。不過，這似乎是很奇怪的一件事：人類經過漫長歲月的物競天擇，為何還會留下這樣的「不良天性」呢？

在演化的過程中，人類不斷往適宜生存的方向發展，既然謬誤的存在是個思考上的瑕疵，應該也會對生存不利，人類為什麼還會繼續犯謬誤呢？我們為什麼沒有演化出不犯謬誤的大腦？

謬誤對生存有利還是不利？

從演化的角度來思考這個問題，我們會發現，對生存來說，謬誤有可能是個很有價值的東西（如果要避免麥當勞謬誤的話，可以說，謬誤具有有利於生存的面向，或許也有不利於生存的一面）。

舉例來說，如果在上古時代，有一個人進入叢林裡面，差點被毒蛇咬到，於是他推理出「（所有）叢林裡面有毒蛇」。這明顯犯了以偏概全的謬誤，因為只見過一個叢林不代表所有叢林都是這樣，實際上也非如此。雖然上述推理是錯的（無效的），結論也是錯的，但是這種錯誤知識會提高他的生存機會，因為他將盡量遠離叢林，即使一定要進去，也會非常小心。

如果有人天生不會犯這種謬誤，他對叢林的恐懼感就會降低，而且可能想：「說不定只有這個叢林有毒蛇。」甚至還認為：「說不定這個叢林只有這裡有毒蛇，其他地方沒有。」這樣的想法反而會降低警戒心，成為生存上的不利因素。

所以，謬誤其實並不全是壞事。但是，不可否認的，它的確有可能變成一件壞事，尤其在現代社會，它甚至可以是「悲劇」的創造者。例如，當我們剛認識一個人時，常常會以第一印象來評價他，如果不喜歡，就不想跟「這種人」交朋友，於是有可能錯失一個潛在的好友。當我們以他某一天的表現，來理解這整個人時，也算是犯了一種以偏概全的謬誤（今天如此，未來也都如此）。但說不定那一天比較特別，他正好處於緊張或是煩躁的狀態，所以表現的和平常差異很大。那一天的表現，不足以認定他是「那種人」。

類似的推理會有更糟的情況，如果這個人實際上是個壞人或騙子，在認識的第一天一定會偽裝得很好，讓我們誤以為他是個值得信任的人。這個錯誤，有可能在未來醞釀出大災難。

人生，不可能不犯謬誤

不管謬誤是好還是壞，由於它屬於本能的思考習慣，在我們一生之中，大概是不可能完全免疫的。也就是說，每一個人在未來一定會繼續犯謬誤，差別只在於數量以及程度的不同。

無論一個人多麼聰明，偵錯神經多麼敏銳，懷疑精神多麼強烈，謬誤一樣會找到百密中的疏漏點，穿越理性的封鎖線，至少在當下推理的那一刻讓人無從察覺它的存在。

既然在思考中存在有謬誤是一件根本不可能避免的事情，那麼犯謬誤時就絕不需要感到丟臉。當別人犯了謬誤，無論是學生、老師、名人，甚至國家元首，都沒有什麼值得嘲笑的地方。由於每個人成長環境與所學的不同，容易犯謬誤的疏漏點也都不一樣，即使別人犯了一個自己絕對不可能犯的謬誤，也不代表自己的思考能力比對方好。在這種情況下，任何嘲笑他人謬誤的行為顯然都不恰當。

然而，為了協助減少謬誤的發生，我們可以把它指出來，讓犯謬誤的人能夠發現自己的盲點。照理說，這是一件很好的事情，對當事人也有幫助，但是我們要知道，**沒有人喜歡被指出謬誤**，因此批判性思考有可能變成人際關係的毒藥。這該怎麼辦呢？

長輩有謬誤時，怎麼回應？

第一，人們之所以不喜歡被指出思考錯誤，是因為我們誤以為那是一件丟臉的事情，只要改變這個觀念，接受批評的能力就會增強。

第二，當我們指出別人的謬誤時，需要特別注意自己的口氣與說話方式。嘲笑的口氣、指責的言詞都不適當。針對平輩或是晚輩，我們可以這樣說：「我最近從一本書學到了關於某些思考謬誤的觀念，覺得很有意思，那位作者說每個人都會犯謬誤，根本就無法避免。我覺得你剛剛說的和我讀到的某個謬誤很像，有沒有興趣聽聽看作者是怎麼說呢？」這樣的說法感覺上不是「我比你強」，而是「寫書的學者比你強」，這會讓人比較容易接受。

針對長輩的謬誤，可以考慮根本不要提起，因為有些長輩沒辦法接受被晚輩指出思考錯誤。或者，可以用詢問的方式說，例如：「我最近學到關於謬誤的理論，您剛剛的推理方式好像有謬誤的樣子，您可以幫我分析看看這樣算不算？」這種說法是用請教的方式，比較不會讓長輩有被冒犯的感覺。如果長輩分析結果說「不算」，但他的分析根本就是歪理，一點說服力也沒有，這時就不用跟他爭辯了。事實上目的已經達成，他嘴裡雖然不認，其實還是會好好想想的。

智慧的思考力

當然，人際關係千變萬化，沒有哪一種說法能適用所有人以及所有情況，上面的建議僅供參考，通常只要願意好好想一想，大都能想出適當的說法。

另外，在懷疑精神方面，由於沒有人喜歡被懷疑，所以習慣懷疑的人往往不受歡迎，在這方面為了維繫良好人際關係，又希望保持懷疑精神，就會是一個兩難局面。遇到這類情況，我們需要另一種思考能力，稱之為智慧的思考，就是在困局中找出妥善應對方法的思考能力。

第三篇

學習智慧的思考

19 趕時間的商人、生病的老太太、夢中情人，請選擇！

智慧的思考幫你在困局中發現出路

當面前有好幾條路供選擇時，我們可以透過邏輯與批判性思考，在排除各種錯誤推理的情況下，找出一條最好的道路。或者，有一天你成為決策者，一堆提案呈現在眼前時，你也可以透過邏輯與批判性思考，找出其中的最佳策略。

上述情況僅限於攤在眼前的選項。如果眼前所有選項都不理想，甚至還很糟糕，讓你陷入困局的時候該怎麼辦呢？當困難來臨，找不到妥善解決的方案，在看似無路可走的時候，邏輯與批判性思考能力便落入毫無用處的窘境。

在這種困境中，如果我們必須立刻選擇，也只能當機立斷，找出一個勉強最能接受的方案。然而，如果還有時間，即使非常迫切，仍有機會突破困境，但必須具備「開路的思考能力」，才能創造新的選項。這樣的思考能力自古以來就有個很響亮的名稱——「智慧」。現在，就讓我們從一個很有趣的問題開始，來討論大腦中這支能在危難中開出新局的特種部隊。

抉擇的十字路口

假設有一天，你開車經過人跡罕見的荒郊野外，距離市區步行至少還要兩個小時的時間。在這樣的地方，突然遇見三個人等著要搭便車（先別管為什麼會有這種事，或許剛好他們的車子都拋錨了，或是撞車了）。但問題是，你開的車是兩人座的，只能再搭載一個人。那麼，你要選擇搭載哪一個人呢？

第一個人是商人，正要趕回公司開重要的會議，如果沒趕上，將會遭受非常嚴重的損失。而且，他曾經是你的救命恩人，如果要報答他的恩情，應該要載他。

第二個人是個與你沒有任何瓜葛的老太太，但她生病了，似乎非常嚴重，需要盡快送到醫院去。你對她雖然沒有什麼義務，但從一個助人的角度來說，應該同情她的處境，趕快載她到市區的醫院。

第三個人卻讓你看傻了眼，她／他是你從小就愛上的夢中情人，雖然她／他並不趕時間，但也希望你能載她／他到城裡。如果錯失這個機會，未來可能永遠不會再相遇了。

這時你會怎麼選擇？或者，你該怎麼選擇呢？

這個問題的歷史悠久，那是一個通訊設備不發達的時代，讓我們假設大家都沒有手機，或者就算有也收不到訊號，而且短時間內不會有其他車輛經過。所以，沒被你載到的，大概就得走路了。因此，當報恩、救人、愛情，這三者一時之間看似不能兼得時，該怎麼選擇？

啟動智慧的神奇力量

當這個問題提出之後，三個選項都有不同的人選擇，而且也有很好的支持理由，但無論是哪一個選項，都會留下遺憾。當我們在人生路上遇見類似困境時，大多抱著無奈與遺憾勉強做一個選擇，卻從不知道，如果具備「智慧」的思考能力，往往可以開創新局，改變處境。

當智慧啟動時，它協助我們在僅能看到（都不理想）的選項之外，發現新的出路。例如，你可以把車子暫時借給趕時間的商人，以報答他的恩情，並且讓他載著老太太到城裡的醫院，達成救人的目的，然後你陪著（正在讚嘆你的智慧的）夢中情人慢慢走回去，好好享受這段難得的浪漫時光。

這真是個完美的解答啊！不僅化解了所有困境，還創造了更好的機會。這就是智慧的神奇力量。其實，在許多社會上的真實案例中，智慧的確不斷協助某些懂得運用它的人開創新的選項，將危機變成轉機。

如何用智慧解除危機？

再舉例來說，某家公司的一項獨創商品很受歡迎，幾乎壟斷整個市場，但時代在變，消費者想要嘗試新的東西，而且公司獲得的情報顯示，的確有對手開始計畫設廠開發新產品，成為未來的挑戰者。在這種危機下，想要讓商品繼續壟斷市場，該怎麼做呢？

有人提議想辦法阻止別人設廠，但這不僅不容易，還容易引發爭端。也有人建議提升產品的品質，但這效果有限，而且成本會增加。另外，也有方案認為降低售價讓對手無法生存，不過這個方法會讓公司營收大幅降低，而且也未必有效。好一點的方法是公司再提出新的產品，滿足眾人求新求變的需求，但人們一定更想去嘗試不同公司的產品，因為這樣會有新鮮感。

這些容易看見的方法顯然都不理想。該怎麼辦呢？有智慧的思考提出一個幾近完美的方案：「自己再多開幾家新公司，每家都開創新品牌，成為自己的競爭者。」在這個思路中，原本的產品與公司雖然無法再繼續壟斷市場，但整個母公司卻繼續壟斷著絕大多數的買家，這才是根本之道。這是一個很成功的策略，近年來這樣的政策已經成為許多大公司的基本經營方針了。

由這些例子我們可以發現，智慧的價值是打造出平時看不見的道路，讓我們有更多的選擇。然而，這種威力強大的思考能力是如何形成的，以及該如何學習呢？

20 又「防風」又「透氣」的衣服不可能存在？

以智慧型思考擺脫僵化

智慧是擺脫各種思考侷限，讓大腦在更自由的狀態下，找出最佳策略的一種能力。

在前一章的討論中，針對要載哪一個人的問題，當我們提出把車子丟給商人使用的策略時，很多人會不服氣地表示：「明明問題是要載哪一個，怎麼變成誰都不載了？」這類想法正是智慧養成的最大阻礙。因為，這個想法的成因就是拘泥於問題本身，無法從思考的迴圈中跳脫出來，尋求事情的根本解決之道。這個問題的重點並不在於要載哪一個，即使問題容易誤導人，我們依然要回歸本源，思考如何解決當前的困局。

學習智慧的第一步

智慧的反面並不是愚笨（所謂大智若愚，智慧與愚笨之間反而存在許多相似處），而是僵化，僵化就是墨守成規而不知變通。雖然問題是這樣問沒錯，但也沒限定一定得自己載人才行啊！尤其在日常生活中，在開闢出新的思路之前，想法其實是被侷限住的，想法受限時，思考問題也無法全面。

就像在前面談到公司面臨危機時，「如何讓產品繼續壟斷市場？」這個問題會讓人只想到如何讓「那個產品」繼續壟斷。當總裁開會問大家問題時，由於他的想法可能受到侷限，在開創性的意見提出來之前，便會誤以為讓該產品繼續壟斷市場是唯一的出路，所以他也只會問：「如何讓該產品繼續壟斷？」一個有智慧的思考者是不能被這種問題框住的。我們應該自動回到問題的源頭，尋求解決之道。

在有侷限的思考裡，我們必須打破慣性僵化的觀念，跳出那個原本沒有出路的處境，才能創造生機。

因此，學習智慧的第一個步驟，就是要能夠擺脫僵化的思考。所謂的僵化思考，就是在該變通時不懂得變通，該放下某些觀念時不懂得放下，以及不再需要堅持時仍繼續堅持著。

要擺脫僵化，最好讓思考先徹底自由，打破所有「〇〇一定是對的」觀念。這需要懷疑精神的協助，讓懷疑深入各種法則的源頭，發現它們都有不適用的時機。在這樣的狀態下，大腦才能自由。

你的思考僵化了嗎？

舉例來說，常有人對某類事物抱持強烈的價值觀，譬如有些父母反對男孩留長頭髮以及染髮，認為這樣不倫不類、不男不女；或是更多的人反對子女刺青。這些觀念有時還會造成嚴重的親子衝突。然而，若能更仔細思考，會發現這些堅持的意義其實都不大。過去只有女人留長髮，所以留長髮的男人很奇怪，今天時代不同了，留長髮的男人愈來愈多，原本堅持的意義已經不存在。在這種情況下，還抱持舊觀念繼續下去，甚至不惜爆發衝突，實在沒有必要。

刺青也是如此，過去大多是混幫派的人才會刺青，所以刺青是黑幫的印記，在這種情況下，不希望子女和黑幫有任何瓜葛而反對刺青是很合乎常理的。但是，時代一直在變，只要子女想要刺青的意圖跟黑幫沒有關係，在沒有其他可想像的壞處（像是衛生問題或當兵會被欺侮之類的）情況下，其實也可以好好溝通討論，毋須將它視為洪水猛獸。

在商業的思考方面，人人都希望擁有防風又透氣的衣服，但「防風」和「透氣」兩者看起來像是互相衝突的功能，直覺上不可能同時存在。只有能擺脫這種「不可能」觀念限制的人，才有機會開發出創新的產品。這就是著名的Gore-Tex布料。

在科學研究方面也是一樣，愛因斯坦必須先放棄「時間不會隨著速度而變慢」根深柢固的觀念，才能創造出相對論這種偉大的理論。

兼具破壞性與建設性

有一門學問，專門在研究一切法則的根基，因而看穿一切法則都有不確定之處，放眼望去，所有的一切無論看起來多麼肯定，追根究柢，都有其不確定的基礎。當我們的想法來到這個地方，大腦自然也就自由了，這樣的學問稱之為「哲學」。

之前的描述則是哲學理論本身所具有的主要價值之一，類似一種破壞性的學問，破壞我們對既有成見的堅持。這也是為什麼學習哲學對於提升智慧有莫大的好處。

但是，哲學思考並不是只有懷疑與破壞，還必須有建設性才能發揮更高的實用價值。只不過，這樣的建設性不是建立在確定的法則上，而是建立在合理性的基礎上，並且這樣的合理性將隨著不同的證據與推理方式而有所不同。

有了這些思考與判斷能力，智慧就可以再進一步提升，針對各種法則，判斷何時「應該變通」以及何時「不應該變通」。當然這也不會有確定性，只要能深入問題的源頭，就能看見任何被遵守法則的意義與價值，當其根本意義失去時，自然是變通的時候；但其意義仍存在時，就可能是不該變通的時候。

以前一章提及大公司的策略為例，原本思考的重點是「如何讓該產品繼續壟斷市場」，而所有先前提出的策略，也都是為了達成這個目的想出來的。但是，智慧能讓人發現，這項原則並不是最重要的，最重要的其實是「如何讓我們繼續壟斷市場」，要達到這個根本目的並不一定要靠該產品，只要有其他產品投入合作，甚至加上新公司的產品，也可以完成相同的目標。

讓思考深入、自由、有創造性

簡單來說，智慧能夠看清一切法則的作用，在適當的時候善用它們，在不適當的時候拋棄它們。這個看見事物根本的思考能力也可稱為「深度思考能力」，讓思考深入到各種知識與法則的基礎點，思考就可以更自由。

單靠自由的思路就可以算是一種智慧，至少不容易產生迷惑。但若想跳脫困境，找出最佳策略，光是自由還不夠，還要有比較積極的「創造性思考能力」。這大概是整個智慧思考中最核心的能力，也是智慧發揮神奇效果的主要能量所在。

也就是說，「智慧」是個綜合體，它可以分解成許多不同的思考型態，要獲得智慧，就要先獲得這些型態的思考能力。在本書後面的章節中，將會陸續探討相關的思考能力。

21 丈夫考不上公務員，妻子真命苦？

智慧在日常生活中的應用

在跟朋友聚會時，偶爾有人會談到一些煩惱，通常並不是刻意要說，而是無意間提到。當我使用哲學性分析手法抽絲剝繭之後，往往讓人對原本的問題產生不同見解。當人們看到之前沒意識到的面向，態度也因而有所改變，甚至有時問題就這樣煙消雲散。驚訝之餘，朋友們開始欣賞哲學的妙用，常常在困惑時跑來找我。

在經歷這種問題解析的強大威力之前，人們其實不太會主動求解，因為大多數人都以為問題就是如此這般，困境就是困境，需要獨特的解決方法，沒有其他路子好走。

婚姻關係的困惑

一位朋友有著穩定的工作，她在中學擔任正職老師，收入雖然不算非常高，但養活一家四口還過得去。不過，她的先生事業一直不順利，原本想當公務員，參加各種考試，考了好幾年一直考不上，也不知能做什麼。朋友愈來愈看不起自己的先生，想要離婚，但又不願意離開小孩，先生也不同意讓她把小孩帶走。如果要訴諸法律，她未必能贏，因為先生還有些祖產，而且長期以來小孩主要都是先生在帶，小孩跟他比較好。無解的婚姻課題導致夫妻兩人經常為了各式各樣的事情吵架，關係愈來愈差，製造的問題也愈來愈多，整個處境讓她很苦惱。

婚姻的問題通常看起來非常複雜，陷入迷霧的當事人在描述各種爭端時，幾乎什麼情況都有，聽起來好像夫妻兩人已經無法共同生活下去。但在抽絲剝繭與深入思考後，往往會發現問題本源很簡單，就是某種價值觀在作用，只要跳脫了這個價值觀，一切就能海闊天空。這種類型的問題大概是人際關係中最大宗的，只要找到關鍵點，問題便能迎刃而解。

在上述案例中，核心的思考法則是「男人沒工作是很丟臉的事情」。一旦抱持這個價值觀，就會覺得所有人輕視他們全家，而自己需要支撐家計很命苦。這個問題一旦不能解決，壞心情就如影隨形。而且，這種處境還真的很難解決，既無法改變別人，想離婚也不知如何說服先生放棄小孩，或是說服自己放棄小孩，無路可走時就會覺得很痛苦，且注意力一直放在這種痛苦中，會讓生活完全感受不到樂趣。在這種心境下，許多原本不會發生的問題與爭端將陸續出現，讓關係愈加惡化。

丈夫沒工作，妻子很快樂，怎麼思考？

這時不妨回到問題的原點，往深度的地方走，開始運用懷疑精神作為思考的出發點：家庭的主要經濟來源一定要是男人嗎？男人的價值只能透過工作與收入來肯定嗎？理由是什麼呢？理由應該是傳統觀念。繼續追溯下去，為什麼有這樣的傳統觀念呢？可以想像古代時，大多數的工作需要勞力或是戰鬥力，甚至以打鬥的體能為後盾（以防被騙、被偷、被搶），在這種情況下，逐漸形成男人工作養家的傳統。但顯然時代不同了，許多工作仰賴智力，而智力並沒有性別差異，所以上述傳統已經不符合現代社會。

透過思考之後，只要這位女性朋友願意放下先前的價值觀，整個思路會截然不同：先生其實可以把家庭打理得很好，把小孩照顧得很好，不像當今社會許多雙薪家庭，女性下班後還得擔負照顧小孩的工作，想到這裡就能感受到自己多麼幸福。何況，寒暑假期間由於先生不用上班，全家可以盡興出遊，享受大多數家庭沒有的生活型態，差別只是家庭收入不算很高，但實際上只要過得去，能夠快快樂樂生活，又何需高收入呢？

有了這樣的思考轉折，即使現況完全沒變，處境卻截然不同。這是智慧在日常生活的最基本用途。只要觀念一變，生活便能從痛苦轉為幸福；只要感覺幸福，家人的關係也跟著改善，轉向更容易感覺幸福快樂的狀態，各種衍生問題自然煙消雲散。最困難的地方就在於很多人往往放不下既有的價值觀，這就需要更多以及更深入的反思來協助觀念的轉變。

婆媳關係的困惑

另一位朋友的煩惱則是婆媳問題。她經常被婆婆誤解，有時由於身體不適而動作緩慢時，還被不知情的婆婆嫌棄，但她都盡量忍耐，不願意開口說什麼，久而久之，婆媳關係變得很緊張。透過先生才知道，原來婆婆也常常覺得自己不對，只不過不會表達出來，因為在她心中「沒有婆婆跟媳婦道歉」這種事。

這當然只是一個價值觀作祟，只要透過智慧的思考，做錯的婆婆願意放下這個價值觀，兩人的關係自然好轉，家庭也能更為和樂。這是針對婆婆的角度來思考所得的結論。

然而，媳婦又該怎麼辦呢？最理想的狀態當然是婆婆改變了，但是我們無法強迫別人改變，如果婆婆不願意改變怎麼辦呢？如果朋友一直堅持著「錯誤的一方應該改變」，問題就會一直卡在那裡；如果不希望如此，也有好方法可以改變現狀，就是自己先道歉。說到這裡，我的朋友很生氣地說：「為什麼沒錯的要跟做錯的道歉？」答案其實很簡單，因為這樣可以解決問題。何必為了堅持一個沒必要的觀念，讓問題解決不了而繼續苦惱呢？

婆婆不道歉，媳婦不委屈，怎麼思考？

但是朋友說：「可是這麼一來，我會覺得自己很委屈。」這時不妨進一步思考，為什麼這樣的處境會讓我們覺得委屈？其實這也是一個價值觀，但它的根基是什麼呢？事實上，絕大多數的價值觀都難以找到不可動搖的必然性，它們不是什麼天理法則，而是人類社會應用的工具。一個有智慧的人不應被這些價值觀所限制，而是要懂得善用它們。價值觀都有好的一面，在這一面我們好好運用它，但當它們的應用會導致不良後果時，就可以簡單地放棄。所以在上述故事中，如果能夠把「這麼做讓我覺得自己很委屈」的價值觀放下，改成另一個價值觀——「這麼做讓我覺得自己好有智慧」。只要真能轉化想法，自己做起來坦率、開心，婆媳之間的關係也會改善，形成的結果也是自己期待的。僅僅說出「對不起」這不用錢的三個字，就能夠從痛苦的生活轉化成快樂的處境，為何還要選擇沒什麼意義的堅持呢？

我們常常執著於一些價值觀作為思考法則，當我們無法跳出這些思考法則時，很多問題都無解，但是當我們透過深度思考，發現這些價值觀其實沒有想像中那麼確定，也沒有那麼重要，我們的思考便可以更自由。只要有機會選擇其他更適當的價值觀，就容易找到困局的新出路。

如何用智慧面對生活中的問題？

日常生活中的類似問題很多，像是許多小孩把父母的付出視為理所當然，於是不懂感恩，甚至覺得父母為自己做的永遠不夠多；或是看到父母某些缺點，認為他們不夠好。這種情況也發生在社會許多角落，丈夫不夠好、妻子不夠好、老師不夠好、學生不夠好、員工不夠好、老闆不夠好……。然而「有什麼付出是理所當然的呢？」「不夠好一定要對方改嗎？」是否有些「不夠好」可以不用改？你曾經思考過，堅持他人不夠好的理由充分嗎？

我們的付出被認為理所當然時，自己可接受嗎？我們其實也不夠好，是否應要求自己改掉所有不夠好的地方呢？就算自我要求很高，有去做修正嗎？真的做得到嗎？透過智慧的思考，如果能夠改變「缺點一定要改」的觀念，對他人的要求就會降低，對別人的包容力則會提升，彼此施加的壓力相對減少，小至家庭、班級、團體，大至社會是否有可能更和諧、安樂？而且事實上，並不是**所有的**缺點都一定要改，有些缺點可以當作個人特色，只要彼此能互相包容，缺點甚至能變成優點。

送自己一份人生大禮

在個人處事智慧方面，由於一些價值觀作祟，我們會遇到許多不懂禮貌的人，或是遇到某些不好的行為妨礙到自己，這常常讓人感到憤怒。要知道，這些憤怒往往無濟於事，真正受害的其實是生氣的自己（至少先失去了好心情）。

運用智慧的思考化解對這些觀念的堅持，憤怒就會逐漸遠離。面對各種價值觀，抱持著需要時拿來用，導致不良後果時就暫且放下它的態度，這會是智慧思考送給我們的一項大禮。

有時，放不下的理由是希望這個社會更好，想用自己的憤怒來處罰犯錯者，不輕易縱容他們。當然這是一個好理由，但是第一，要評估自己的憤怒究竟有何用處？如果無用，那就放下它吧！放下的不是價值，也不是堅持，只是當時的憤怒。第二，如果憤怒有用，或許會導致我們做出一些事情，例如在路上看到有人飆車就對他們按喇叭表達憤怒，從這個角度來看，自己變成教育者。然而，人人都自詡為教育者，用自認為好的方法來教育別人，這個社會真的會更好嗎？

教育很重視的是教育方法，連學校老師都不見得能掌握好方法，這種人人當教育家的情況，將會導致一群「道德魔人」現身，帶給社會更大的害處。所以，要教育別人之前，先好好想想自己是否懂得教育，如果不是，就盡量不要讓自己的憤怒製造更大的錯誤。

最好的方法是尋找專業人士的協助。例如，看到有人虐待小孩會感到很憤怒，除非情況緊急，不需要自己出面去教育別人，而是打電話報警，或是通知社會局社工，讓專業人士來處理。在圖書館看到有人高聲談笑，也不需要自己去教育別人該怎麼做，而是通知圖書館管理員，讓他們做適當的處理。這樣能減少社會上不必要的衝突，以及避免不懂教育的道德魔人的危害。

在智慧的思考中，有一種思考能力稱之為「人生的大智慧」，是針對人生的各種基本常識，包括我的存在、生命的價值、喜怒哀樂的起源，當我們可以深入到非常根本的地方，看清萬事萬物的本質，便能夠超脫各種障礙，形成一種自在的人生。儘管人生道路上有眾多令人不滿意之處，這也算是我們在這條路上所能發現到的一個絕佳生命策略。

22 小愛為什麼討厭同學小田？

返回問題根源的深度思考

某一年的哲學系系學會，一個大二的學生小愛在閒談中提到，她非常討厭同班同學小田。我問她為什麼。她說，有一天小田想辦一個活動，但報名人數太少，請她協助找人參加，她很熱心問了一些外系朋友，也真的邀到好幾個願意加入的人。但是，隔天她從其他人口中得知活動取消了，小田竟然沒跟她說，害她繼續做白工，還要一個一個打電話去跟朋友們說明。事後小田也沒跟她道歉，對此她非常生氣。

小愛的心情 vs. 小田的處境

我聽了之後問她：「妳跟他提過這件事嗎？」她回答：「沒有。」

我說：「有沒有可能他忘了請妳幫忙這件事呢？」她說：「不可能。」

「為什麼？」

「這種事怎麼可能隔天就忘了？」

談到這裡，我發現一個情況。我們在思考問題時，常常忽略不同人在不同時候的不同處境。活動主辦人在人數不足或其他更麻煩的因素下，面臨取消活動的關鍵時刻，於是請求朋友或同學協助找人，然而最後可能很不情願的，活動還是得取消。此時會出現各種情緒，尤其愈是想辦好活動的人，失落感就愈重。在身心俱疲的處境中，沒有顧及禮貌而一一回電說明，或嘗試聯絡未果而忘記繼續聯繫，雖然都是不好的行為，但對主辦人來說，相較於所遭遇的挫敗感，這是一件微不足道的事情。

然而，對於沒主辦過活動的人來說，那種處境恐怕是無法揣摩的。小愛當時可能剛好不忙，在這種情況下她不會忘記找人一事，但對於身處活動即將被取消的情緒漩渦中的人來說，情況是完全不同的。

真的是這樣嗎？為什麼是這樣？

為了讓小愛能揣摩小田的處境，也避免她誤會我與小田站在同一陣線，而產生情緒阻力，排斥接下來的討論，於是我問小愛：「妳覺得小田為什麼不盡快通知妳活動取消？」

提出「為什麼會這樣」的問題，可以開啟一個深度的思考，一旦嘗試做深度思考，便有機會把一個想法整理得清楚明白，也容易挖出錯誤思考的癥結所在。

她回答：「我覺得小田需要人幫忙時，到處找人幫忙；不需要人幫忙時，完全不理會別人。這根本只是在利用人。」

走向深度思考的方法，可以從兩個問題來著手：「真的是這樣嗎？」以及「為什麼是這樣？」第一個問題先懷疑已經認定的事情，第二個問題則向內探索其原因。

於是我又問：「所以妳認為他是一個只會利用人的人？」

這個問題讓她猶豫了一下，「對啊！」

「那麼他在請妳幫忙時，為什麼妳會想幫他？」

「因為我那時不知道他是這種人。」

「妳跟他認識一段時間了，為什麼之前都沒發現？」

「大概他以前很會裝吧，都被他騙了。」

（真的是這樣嗎？）

「那他以前做了什麼比較不像只是在利用人？」

小愛思考著。我繼續問：「有沒有可能之前不是裝的，而這次有特殊狀況才導致這樣的結果？」

「嗯……」她又想了一下，「都有可能吧！」

「如果他不是在利用妳的話，還有什麼可能性讓他沒通知妳活動取消呢？」

「說不定他真的忘了。」

「有可能嗎？」

「嗯，有可能啊！如果太忙就有可能。」

進行深度思考時，會發現原本膚淺思考中許多不合理的地方，於是我們會重新組織思考的邏輯，尋找更合理的假設；等找到更合理的假設之後，就容易看見事情的真相，甚至推翻先前的想法。

我繼續問下去：「他會不會是那一陣子太忙了呢？」

她思考了一下，開始揣摩活動主辦人的各種工作，於是她說：「對耶！都沒想到，他那時應該很忙、很煩吧！」進入這樣的同理心狀態時，不滿的情緒大概也煙消雲散了。這是深度思考經常會產生的一種效用。

從另一個角度來說，小田雖然很忙，但他的做法確實容易讓人誤解與生氣，這也是他平時應該注意避免的地方。當我們感覺到有誤解的可能性時，應盡量去解釋清楚，因為我們永遠無法預期一個小小的誤解，最後會變成什麼樣子。一個誤解，其實就是一條思路，往這個思路走去，只要一個不小心就會愈走愈遠，遠到無法回頭的地步。到了那個時候，再多的解釋都會變得沒有用處。

讓深度思考阻斷誤解的思路

我們也可以對誤解做一個深度思考，看看誤解在日常生活中是怎麼開始以及如何演化的。

舉一個實例來說，有一年本校華梵大學哲學系請了美國水牛城大學的余紀元教授到系上做短期教學。因為他是我在美國留學時的老師，跟我交情還不錯，所以我請他在某天上完課後順路到我家坐坐。但一直沒等到人，於是我打手機給當時負責載他的老師，這位老師回答說：「已經過頭了，余老師說不過去了。」

這是一件小事，來不來我家其實無所謂，我並不會很在意，但心裡總覺得有一種被忽視的感覺：「來我家坐坐只是一件可有可無的小事罷了！」雖然這的確是事實，尤其余老師是位著名哲學教授，自然更是如此。

這樣的想法讓我產生一個思路，覺得自己在他心目中的地位很低，不受重視。未來如果我們之間有哪些可以配合這條思路的事情發生，像是下次邀請他但他正好沒空而拒絕時；或是寫電子郵件給他，但意外被系統攔截而沒有回信時，都會加深這樣的感覺，讓這個想法愈走愈遠，愈來愈穩固，自己也愈來愈容易往這方面思考。屆時，誤解幾乎是解不開了。

雖然是一件小事，但是余老師並沒讓這個可能的誤解有滋生的機會，隔天一起午餐時，我自然不會把這點小事拿出來說，但他卻主動說明，昨天載他的老師開過頭後才問他：「已經過頭了，要回頭嗎？」這時候不好意思要人家回頭，所以就直接說不用了。實際上，余老師的確有說「不用了」，但經他解釋出說話時機後，我發現跟自己原本想的完全不是同一回事。於是，一個可能的誤解思考就這樣胎死腹中，沒有任何成長的機會。

藉由這個深度思考可以瞭解誤解的發生，掌握誤解的思考型態，更知道如何避免誤解，並認識釐清真相時機的重要性。也就是說，當我們運用深度思考，不僅可以避免表面的問題，跳脫事物膚淺的一面，也能夠深入發現事物的核心面向與問題所在，有助於思考出解決的策略。一旦瞭解這點，就學會了如何評價一個思考的深度，大幅提升思考的鑑賞力與學習力。

23 自己選題目的文章最難寫啦！

發展獨立思考與主動性思考的能力

記得在讀碩士班的時候，有位老師要求修課的學生每個月要交一篇大約三至五頁的小論文，針對已經討論過的問題來分析並提出自己的看法。這時一位成績很優秀的同學提出一個請求，「老師，可以給題目嗎？」

沒有題目的困惑

老師說：「自己選擇感興趣的題目。」但是這位同學還是希望老師可以給題目，理由是：「不知道要寫些什麼。」

事實上，這位同學有著不錯的哲學功力，可以把問題抽絲剝繭地分析清楚，針對不當推理的辨識力很強，表達能力也很好，如果給她一個問題，通常能寫出一篇好論文。但是，如果沒有給題目，她便感到很困惑，不知道要寫什麼。

我對這種現象感到好奇，下課後找她聊，想知道為什麼她需要題目。剛開始，她對我的詢問感到有些不高興，因為她覺得有這種需求是很正常的。於是，她說：「不然你把你想到的題目給我寫好了。」這句話的意思是說，既然我可以找到題目，那就給她，自己再想別的；如果不願意，那就表示我只是假裝沒這種問題罷了。

對於她的要求，我感到有點訝異。這表示她真的認為思考寫作題目是件困難的事情，不太可能會將題目讓給別人，所以她並不預期我會把題目讓給她。也就是說，她不是真的想要我的題目，只是想證明我不過說說而已。

結果，我的反應出乎她的意料，我說：「我可以想出一百個題目給妳選，而且不只是題目，還能說出想法以及該怎麼論述。」就在她難以置信的眼神凝視下，我大概每隔十秒便想出一個，當我說到第七、八個時，她像在看異類一樣看著我，意識到我們之間有個重大差異。她很嚴肅地問我：「為什麼會有這麼多不同的想法？」我當時也很詫異：「不是大家都這樣嗎？」

後來我才發現，雖然只有她向老師要求出題目，但有這樣需求的人原來還不少，只不過她比較優秀，敢於向老師提出要求。

那麼，這種我認為很自然的思考能力，究竟是哪裡來的？

這種思考力可以稱為主動性的思考能力，能夠自然而然發現問題並產生不同的看法。有這種思考力的人在群體中會呈現出個人的獨特風格，因為這些人比較容易「有自己的想法」。當人們有自己的想法，價值觀就不容易隨波逐流，能夠自行判斷既有的價值觀何時該運用、何時該放下，對各種事物的意見也就不會盲目地跟大眾一致。

「有想法」與「有意見」，有何不同？

在這裡要區分一下，「有自己的想法」和「有自己的意見」兩者是有差別的。有些人對許多事物有自己的意見，而且和大眾的也不盡相同，甚至與輿論相反。但是當你問他：「為什麼這麼認為？」他通常答不出來，就算勉強能說一點理由，合理性也不高。這樣的人只能算是有自己的意見，不算是有自己的想法。

有自己想法的人，不僅有自己的意見，當他的想法和大多數人相左時，還能提出讓人沒想到的支持理由與思考面向，雖然未必一定能說服別人改變立場，但通常會有相當程度的合理性與參考價值，讓人在理性上無法忽視他的想法。

在各種企業高層的討論中，最需要的就是有獨立思考能力的人，因為這樣的人往往可以提出不同的看法，找到大多數人沒有發現的漏洞，甚至主動思考在某些方面的改善措施，這對整個公司有很大的幫助。

「有沒有自己的想法」往往是公司在雇用高階主管的主要考量之一。然而，自己的想法從哪裡來？要怎樣才能成為一個具有主動性思考能力的人呢？

如何成為有想法的人？

這個問題並沒有確定的解答，我們只能推想它的起源。最有關聯的基本訓練大概是從「不同的閱讀習慣」開始。對大多數人來說，閱讀就是在吸收知識，閱讀完後，很多人只會有和作者一樣的想法，而不會形成自己的想法。要培養主動性思考的能力就必須改變閱讀習慣，在吸收知識的同時，也提出質疑，「真的是這樣嗎？」並且進一步思索。就算思考後同意作者的看法，在這種閱讀方式中獲得的東西，將比一般讀者多更多。閱讀與思考能產生很多不同的想法，它們都可以再進一步探索，引導出更深刻的思考。平時若能養成這種閱讀的習慣，距離主動性思考就愈來愈近了。

舉例來說，網路上流傳各種各樣健康或減肥的資訊，以一則檸檬減肥法來說：

「檸檬」吃起來很酸，但是燃脂力極強。曾經在藥廠工作的減重權威博士Dr. Barrs透露，想減肥可以不用吃藥，有一種水果超棒，就是檸檬！既不花大錢又不會傷身！Dr. Barrs表示，燃燒脂肪就要靠維生素C，體內維生素C含量高的人，運動時所消耗的熱量會多出三成，檸檬含有豐富的維生素C，不但有助於燃脂，其效果比減肥藥高出一萬倍！

在這段文字中，如果我們不用懷疑的心態去思考，會覺得看起來很科學，也很合理，自然就接受了它的說法。但如果我們試著從懷疑的角度閱讀，立刻會發現功效超過一萬倍是個很離譜的數字。再深入思考，一萬倍的意義是什麼？例如減肥藥可以減兩公斤，檸檬可以減兩萬公斤嗎？如果真是如此，檸檬根本就是非常可怕的毒藥了。即使我們沒有相關的醫學知識，也能確定這是不可能的事情。再加上「減重權威博士」，有這種東西嗎？或許會有「減重博士」，但怎麼可能有一種學位叫做「減重權威博士」？感覺上這名稱是唬人用的。另外，如果去追查作者，就會發現本篇作者不詳，也沒有註明資料來源，因此最好不要太相信它的內容，或至少要自行查證是否屬實，以免減重不成，反而帶來不良後果。

從網路資訊到課本，都可以練習

除了網路資訊之外，在學校學習各種知識也應該抱持一種反思的態度。例如，歷史課本上談到秦始皇，便會出現「暴政必亡」的主張。雖然這樣的主張很合理，但一定如此嗎？想想看歷史上的各種暴政，是不是都真的亡了？有沒有哪個暴政皇帝安享天年？當然有，而且還多的很。那麼暴政並非必亡，而是暴政可能因為某種因素導致滅亡的後果，但在某些情況下卻能繼續生存，試著想想看那些因素是什麼。這樣的閱讀才能真正讓思考能力滲透到我們的腦中，讓知識活起來。

因此，學習主動性思考，首先也是從懷疑精神出發，有了懷疑，進一步形成思考，若再有思考的鑑賞能力，能夠找出較有說服力的論證，自然就容易形成「個人獨特的觀點」。

個人觀點雖然很具有特色，但是光有這個仍然有些美中不足。如果擁有「別人所不具有的個人觀點」，且還能夠解決別人不能解決的問題，那就太完美了。要找出解決問題的最佳策略，我們還需要另一種或許可以說是最重要的思考力——創造性思考。

24 茶壺倒出什麼最有創意？

創造性思考讓好點子源源不絕

假設你正在構思一則故事，故事是從兩個人泡茶閒聊為起點，其中一人拿起茶壺，往另一個人的杯中倒。請問，他該倒出些什麼會讓我們認為很有創意呢？

意外、不尋常的答案

如果不要談創意，我們預期倒出來的應該是「茶」。創意的一個特點，是要能讓人感到意外，也就是說太過平常的、容易聯想的答案，都不算是有創意。所以，如果單純要談創意，「茶」當然不是個有創意的答案。那麼，在繼續讀下去之前，先閉上眼睛，試著想出一個有創意的答案吧！

許多人在這個問題上會選擇「血」，可能是因為有點特別又比較驚悚，但是驚悚並不等於創意，雖然的確有些特別，但其實不會讓人太意外。如果多找些人來回答這個題目，依據我的教學經驗，這麼想的人還真不少。這就表示它其實很容易想到，容易想到的就缺乏創意。

有些人會想到「沙子」，這就開始比較有創意了。因為我們大多會被「茶」這個標準答案制約，想到的會和茶有相當大的類似性，所以多數人閃過腦海的點子就算不是血，也往往是其他液體。

創意的基本原則

創意，通常要在跳脫既有的思考框架後才會出現。從液體到固體，算是第一階段的跳脫框架。跳脫這個框架之後，思考呈現出一種較為自由的狀態，就很容易想出其他非液體的解答，例如倒出的是「空氣」、「毒氣」，甚至是「一棟房子」。

「一棟房子」這個答案顯然是不合理的，茶壺怎麼可能倒出這麼大的東西呢？當我們這樣想的時候，不妨嘗試合理化整個思維，原來泡茶的兩個人是巨人族，所以茶壺非常的大，可以倒出一棟房子，而且是小人國的房子。這麼一來，我們又跳脫茶壺與房子大小的思考框架。

發揮想像力，讓思考任意奔馳，再繼續打破框架，我們可以想出那個茶壺倒出了「本季的流行時尚」、「一個哲學思想」、「一個創意」、「幾張懸賞單」、「一種令人快樂的色彩」，甚至「全新的宇宙」。

創意從哪裡來？

以這個例子來說，創意的主要來源是「想像力」，而想像力源自於自由的思考，自由的思考需要打破各種思維的框架。這和前面談到的智慧思考有很多相似之處，所以通常有智慧的人，大多有創意；而有創意的人，也比較容易成為一個智者。

從工作性質來說，創意雖然用處很大，但並不見得是一個必要的能力。例如以執行長之類公司領導者的職務來看，創意或許不是必要的能力，只要下屬具有創意，就能彌補這個缺憾。執行長的工作主要是從許多提案中，找出最恰當的一個，並且有優異的執行與統籌能力。即使沒有能力創造出一個好辦法，只要具備各種思考的鑑賞力，即可應付所需。但是，如果不是在一間大公司裡面，有很多員工一同構思，而是仰賴執行長個人自行尋找決策，那麼創意思考能力就是必要的了。

在前述茶壺的例子中，只是針對跳脫框架的創意思考來談，就寫故事或是文藝創作來說，這樣的創意或許很夠用。但如果我們遇到問題，要如何尋找最佳策略？這就不是光有想像力可以解決的。

有什麼具體方法可以幫助我們思考出解決難題的最佳策略？或許，事實上根本不存在一種真能讓我們「找到最佳策略」的思考方法，這也是為什麼我們常說，創意像靈光一閃，突然間就來了，根本沒有任何前兆。也就是說，我們雖然能夠透過跳脫框架，讓自由的思想任意製造許多創意，但沒有特定的方法可以製造「好的創意」。這個部分，似乎要靠點運氣。只不過當思考愈自由，製造的創意愈多，出現好創意的機率就愈高。相同的，當思考愈自由，找出的隱藏道路也愈多，那一條最佳策略就愈容易被我們發現。

創意只能仰賴好運氣嗎？

雖然從思考的角度來看，無法找到一種依據特定思考法則導出最佳策略的思考程序，好創意似乎只能等待運氣。但從實際面來看，又並非真是如此，因為總是有些人能在短時間內激發優秀的創意，難道是他們運氣特別好嗎？

這裡牽涉到的並不是真的創造性思考，而是跟創意有關的經驗。舉例來說，讓我們先思考下面這個問題的解決策略：

假設在某個國家裡，每個人一天只能轉帳一次。有一天，三個人都有急需而向你借錢，但你只能用轉帳的方式借錢給他們。第一個人是商人，急需一筆錢周轉，而且他曾經是你的救命恩人。第二個人是鄰居的老太太，她生重病必須盡快送醫，但月領的退休金還沒下來，臨時缺錢，她舉目無親沒人可幫忙。第三個人是你的夢中情人，她／他很想買一個喜歡的東西，但臨時錢不夠，現在不買之後就買不到了，一時也找不到別人幫忙。在這種情況下，你選擇借錢給誰呢？恩情、救人、愛情，哪一個重要？

有了前面創意思考的經驗，許多人便能套用，嘗試跳脫思考困境，找到一個最佳策略。例如若是這三個人（假設他們是A、B和C）你都想幫，就先把三個人都需要的錢轉帳給A，再請A把B與C需要的錢轉給B，最後B再把C需要的錢轉過去即可。這就達成三個人都幫的最佳策略了。

不是無中生有

想出這個有創意的策略不是經由創造性思考，而是經驗。就像許多很有創意的人所說：「百分之九十九的創意都是抄來的。」當我們知道了許許多多的創意案例，尤其很多是自己過去遇到並想到的，我們自然能夠仿照以往的模式，衍生出許多創意並找到最佳策略。這就解釋了為什麼有人總是有源源不絕的好創意。不是所有創意都需要經過最原始、多少靠點運氣的創造性思考，而是可以透過經驗鍛鍊出構思好創意的能力。不過，最原始的創造性思考能力仍然不可或缺，它能協助我們增加創意的案例，在未來套用過去的創意經驗，而且在沒有前例可循時，還能適時發揮作用。

學習創造性思考和學習大多數的技能一樣，就是要不斷練習。最原始的創造性思考能力需要跳脫框架，讓思想自由。愈多的練習自然愈能跳脫，也愈能夠進入無邊無界的思想世界裡，任意遨遊，隨意摘取創意，摘取得愈多就愈有機會創造一鳴驚人的好點子。

25 挑戰日常生活中的疑難雜症

在不確定性的問題中尋找最大合理性的哲學思考

談到這裡，已經介紹了主要的思考類型，現在讓我們回到最初討論的「哲學性思考」。

運用思考方法尋找真理

許多人很好奇哲學究竟是什麼神祕的東西，事實上，哲學的本質很簡單，就是運用（所有可能的）思考方法找尋真理。所有可能的思考型態綜合起來，就是哲學性思考。在古代，科學研究方法尚未發展成熟，哲學家們的思考並不包括現代科學方法，尤其缺乏精密的科學實驗與高深的數學理論。依據傳統來說，當我們談論哲學性思考時，並不包含當代科學。

隨著科學的發展日新月異，的確能在某些問題上發揮探索真理的力量，協助人們得出更有說服力的解答，久而久之科學反而凌駕於哲學之上，科學思考方法的價值在某些方面勝過其他所有思考方法的總和。然而，即使是針對真理的探索，其他思考方法仍有其不可取代的價值，尤其許多目前根本不可能有確定性答案的問題，無法完全透過科學實驗來研究。像是靈魂是否存在？人生的意義是什麼？同性婚姻是否屬於基本人權保障範圍？針對這類問題，我們仍要依賴哲學性思考，以尋找最佳解答。

從學習的角度來說，區分科學與哲學的意義並不大（實際上兩者有很大的重疊處）。學科的區分導致許多人誤以為讀哲學的人就不用懂科學，而讀科學的人就不用學習其他類型的思考方式。所有思考方法都有其價值，無論是科學家或哲學家，甚至是企業家、教育家、藝術家，都應該學習各種思考方法，不僅有利於個人專業，也有助於解決日常生活中的各種疑難雜症。

既然哲學研究要依據所有可能的思考方法，而科學方法有很高的說服力，現代哲學家們沒有理由不去學習科學方法。尤其以英美為主流的哲學走向，已經把科學方法納入哲學教育的一環，在研究任何哲學理論的同時，也不能忽視相關的科學理論。這樣的發展比較符合哲學的原始精神，掌握現有的一切線索，繼續探索真理。

法國學生的哲學會考

那麼，整個哲學思考究竟是怎樣的一種思考方法呢？以法國高中升大學的統一哲學會考題目為例，「尊重所有生命是否為必要的道德？」

這個問題的直覺答案是「我們應該尊重所有生命」，整個社會的價值觀也是這樣教育每一個人的。

哲學思考通常以「懷疑」作為思考的起點，懷疑精神愈強，就愈容易發現舊知識的可疑之處。

所以，我們可以嘗試懷疑是否真的應該尊重所有生命。例如，我們是否應該尊重雜草而要求公園不要除草；是否應該尊重動物而把動物園拆掉；甚至是否應該尊重致命細菌，而不讓它們滅絕。顯然，這些都是有疑問的。

疑點一出現，就可以反思一個想法的合理性；合理性不足時，需要提出其他更合理的理論。

例如，是否有些生命不需要尊重，像是致命病菌？如果是的話，為什麼？是否某些生命的尊重方式不同，像是可以整理公園雜草，但不要消滅它們？或是在某些例子中教育意義勝過尊重生命，像是被關在動物園的動物們，是否為了教育就可以剝奪牠們的自由？

當我們更進一步懷疑整個思考框架時，就有機會建構新的框架，產生知識系統的革命。懷疑愈深入，就可以從愈深、愈根本的地方重新出發。

例如，我們可以從根本去思考「為什麼要尊重生命？」「尊重是一種什麼樣的行為，是否對待生命應採取其他態度而非尊重？」這些反思會讓我們更深入問題的核心，更加瞭解所面臨的困難。

從懷疑到獨立思考

然而，「懷疑」只能協助我們看到原本想法的問題所在，不會自動形成好的觀點。要產出好的觀點，必須先有好的假設，而這樣的假設來自於「創造性思考」的發揮。例如，我們是否可以找到一種更適合的面對生命的態度，而不是「尊重」？像是「善意」，若把「我們應該尊重所有生命」改成「我們應該對所有生命保持善意」，這樣的觀念是否更好？

配合打破各種既定成見的懷疑精神，思考將更為自由，加上主動性思考，能產生更多假設，再運用所累積的創意經驗，更容易形成好的創意。在這種情況下，我們便能夠經常性地想出好的點子、好的假設以及好的決策。

當有了好的想法，不要停止思考，繼續尋找更好的想法。我們透過多方向的思路，找到各種不同的觀點時，需要有能力比較不同想法的優劣，這就是思考的鑑賞力。這時會運用到「邏輯」與「批判性思考」，從作為前提的證據與理由，形成論證，然後評價論證，進而找出最佳解答。到了這個階段，我們就已經學會了好的（哲學性）思考能力。

依據好的思考能力以及思考的鑑賞力，自行評估自己與他人想法的合理性，當自己經常屬於較合理的一方時，已不容易被大眾觀點所左右，也就具備人們常說的「獨立思考」能力了。

哲學思考的練習：「成功或失敗早已注定？」

前面提到過，雖然學習哲學理論有助於學習哲學性思考，因為哲學理論本身就包含各式各樣的思考方法，尤其是在邏輯與批判性思考方面，但學習哲學性思考卻不是非要學習哲學理論不可。直接學習各種思考方法就能達成目的，而且最好能在日常生活中經常性地應用、練習，才能真正把握這些思考方法的精髓。

有機會學習哲學理論時，如果只是去記憶各種理論的基本主張、哲學家姓名以及學派專門術語，對學習思考並沒什麼用處。必須深入理論的思考脈絡，從問題的源頭出發，理解整個推裡的步驟，再反思其推理的瑕疵，並嘗試提出更好的理論。這種讀哲學的方法，才真正可以學到哲學性思考。

以反對自由意志（自由選擇的能力）存在的「決定論」來說，其主張一切都是命中注定，包括我們每天的選擇、會遇到的事情，以及成功或失敗都是老早就注定的。若我們只是記憶這種理論，其實沒什麼意義，因為大多數人也不會真的相信這樣的理論，只會當作是一個有趣的想法。但是如果深入思考，我們會發現，當今科學認為一切都是由物質所構成，而且物質依照一定的定律在運作，這種科學觀實際上就是決定論，在這種觀點下，我們就不可能會有自由意志。

也就是說，科學世界觀與自由意志，這兩個只能選一個，但大多數人卻生活在兩個都接受的觀念裡，由於這兩者很容易導出矛盾，所以其實人們活在矛盾中而不自知。

另外，學習哲學理論對學習思考的另一項重要價值，在於較容易打破各種思考的框架。由於哲學理論大多是對事物的深入反思，在深入問題核心的思維中，往往會發現我們習慣接受的觀點以及認為理所當然的法則，都有著不穩定的根基。當看清這些觀念的弱點，思想就不再受侷限，觸角被釋放後，便容易進入那無邊無界的思想世界遨遊，更有助於創造性思考與深度思考能力的成長。

第四篇

提升思考能力的基本功

26 男女朋友吵架是無解，還是沒想出辦法？

如果你有思考力會怎樣？

本書一開始談到一種很珍貴，而且很難獲得的「無知之知」——知道自己不懂某些東西或是缺乏某些能力的知識。這種知識之所以很難獲得，主要是因為我們無法直接看到「不存在的東西」，加上在情緒上要認識自己的缺點較為困難，導致難以發現這部分的自我。

擁有「無知之知」

就像我們沒有辦法直接發現自己缺乏音感，因為要想知道自己沒有音感，就必須先要有音感，有了音感才能聽見自己唱歌走調。所以想要獲得「無知之知」，除了培養這方面的鑑賞能力之外，只能透過其他線索的間接推理。像是「別人說我沒音感，但我搞不清楚那是什麼東西，這表示可能有一種叫做音感的東西是我根本不瞭解的。」或者，「別人有能力辨識某些聲音的差別，但對我來說那些聲音都差不多，這表示我缺乏那種辨識能力。」這些推理，都可以協助我們發現自己有所缺乏，但依然不知那是什麼東西。

這種透過間接推理認識自己的方法，必須具備相當程度的思考能力。擁有好的思考能力，可以讓我們獲得許多種類的無知之知，並認識到自己缺乏的部分。思考能力對於獲得這種知識來說是必要的，然而在各種無知之知中，要想認識自己「思考能力不足」最為困難。一個思考能力不足的人，無法直接看到自己這方面能力的欠缺，又無力靠推理獲得，那該怎麼辨呢？

自我檢測好的思考能力

為了彌補這個認知缺憾，以下提出一些標準，協助大家從許多間接線索來判斷，看看自己是否有此類問題。尤其在我們探討過各種主要的思考能力之後，應該已具備一些與思考能力相關的知識，可以進行初步的自我檢測。

一個具有好的思考能力的人，應該具備以下兩個特徵：

❖ 1.困惑的解析能力

當我們聽到一個推理時，有時會有一種「怪怪的」感覺，好像哪裡有問題，卻想不出個所以然來。當遇到這種困惑時，就表示我們在解析問題方面思考能力有所不足。如果再仔細思考，還是無法釐清問題，那就表示我們真的缺乏解開困惑的思考能力。

當然，這也可能是程度上的問題，有些人思考能力已經很強了，但面對某些哲學難題，想了幾十年還是感到困惑，這也是很正常的事情。例如，以一個著名的「嚇一跳考試」的問題來說，假設數學老師說，下週會有一個讓你無法事先預期的嚇一跳考試，這個考試會在哪一天舉行呢？

聰明的學生會去思考，先排除不上課的週六和週日，所以考試是在週一到週五的某一天。再進一步想想，也可以得出一定不是星期五，因為如果到了星期四還不考，大家就知道星期五要考，那就變成是可預期而不會嚇一跳的考試了。所以，我們可以得出結論，考試一定是週一到週四的某一天。既然如此，我們又可以推出，考試不會在星期四，同樣的理由，到了星期三就知道星期四會考，也不會嚇一跳。所以嚇一跳的考試只能在週一到週三的其中一天。以此類推，可以得出，考試不是星期三、不是星期二，那麼一定是在星期一。既然我們知道考試一定在星期一，這就不是嚇一跳的考試了。所以，我們可以得出結論，根本不可能會有嚇一跳的考試。

這個結論對嗎？可是嚇一跳的考試明明就有可能，不是嗎？到底問題出在哪裡？這個問題困擾了絕大多數的邏輯學家，問題都出現幾十年了，至今仍舊沒有共識。

針對一般日常生活上的推理來說，不會這麼困難。只要具備好的思考能力，通常可以找到問題的癥結所在，當問題真正解開，會有豁然開朗的感覺。如果自己經常遇到這種怪怪的感覺且無法破解，或是嘗試破解之後沒什麼把握，也未感到豁然開朗，那麼有很高的機率表示，自己的思考能力有待加強，尤其針對邏輯與批判性思考方面。

另一種更糟的情況是，無論針對別人或是自己的推理，很少或甚至不會感到任何怪怪的感覺，卻經常被別人評論其中有錯誤推理存在，那就顯示自己在偵測錯誤的敏銳度上有待加強，而這也和邏輯與批判性思考能力相關。

其中需要注意一點，當別人主張我們的思考有問題時，通常思考能力弱的人並不容易看見癥結所在，因此會認為那是別人太挑剔，或是不夠理解自己的想法。當然，這種可能性不是沒有，但如果經常遇到類似問題，比較大的可能性是自己的思考能力真的有很嚴重的問題，嚴重到連別人指出後都無法產生自覺。就像唱歌走調的人被人嘲笑走調時，大都會認為那是別人太挑剔，因為他自己無法察覺問題所在。

此外，生活上有些困惑並非來自於有問題的推理，而是來自於知識的缺乏，甚至是錯誤的知識。例如，有人想要培養讀英文的樂趣，但不知如何培養，或是用錯方法每天逼自己讀很久，結果還是不喜歡英文。這些困惑就跟思考能力比較沒有關聯，而是需要學習某種類型的知識，例如學習增進英文能力的有效方法。

❖ 2.遇到困境，找到問題根源與適當的解決方法

遇到困境時，好的思考能力可以協助我們找到適當的解決方法。尤其現代人大多會有人際關係的問題，像是男女朋友或是夫妻間經常吵架，以及親子與同事間關係不良，或是生活上遇到很多不快樂的事情。這些都可以算是困境，遇到困境就要思考解決的策略。

當我們想不出好辦法時，通常會認為那是無解的問題，或歸咎別人有什麼缺點才導致這種局面。如果生活上常常遇到這種情況，有很高的可能性是由於思考能力不足。

當然，我們也不太可能永遠都找得到最好的策略，只要偶爾想出最佳決策，而其他時候想出尚可接受的解決辦法，大致上就沒問題了。否則思考能力便有所不足，不足之處可能在於對問題根源不夠瞭解（缺乏深度思考），或是思考的自由度太少，受到某些觀念的侷限，或是欠缺創意都有可能。

當然，也有可能是遇到的問題實在太無解了，任誰也沒辦法。但要分辨究竟是問題太難、思考能力不足，或是找到雖然不完美但已經是最佳策略，這點非常困難。因為既然自己看不到最好的解決方法，自然會得出「沒有更好的解決方法」，所以大多數人很容易通往一個結論，認為自己的思考沒問題。

這時，我們必須透過其他線索來思考這個問題，最好的方式是透過詢問。把自己的問題講出來請教看似有很強思考力的人，最好多請教幾位，看看是否有人能夠提出自己尚未想到而且更好的方法。如果別人經常能夠找到自己想不出的辦法，顯然就是自己的思考能力仍須精進；但如果請教的對象也想不出更好的方法，有可能就是問題過於困難。只要我們盡量去挑戰困難的問題，無論成敗，思考能力必會成長。

27 想法被人否定時，只會生氣

如果你沒有思考力會怎樣？

除了上一章所談的，以思考力的效用自我檢測之外，我們還可以反向操作，認識缺乏好的思考力時會產生什麼現象，藉此來自我評估。

欠缺好的思考能力的三種現象

❖ 1.常常無法說服別人

好的思考能力配合好的表達能力，就會產生好的「說服力」。當我們常常無法說服別人時，雖然多半會覺得是因為別人理解能力很差的原故，但問題很可能在於自己的思考能力不足。

大多數人之所以會在這種處境上覺得別人理解能力很差，是因為我們相信自己的觀點很有說服力，別人卻沒有被說服。這種情況讓我們認為別人不瞭解自己的想法，或甚至是太固執。

但明明可以說服自己的想法，為何說服不了別人呢？可能是因為自己太容易被說服，這就是思考嚴謹度不足的問題，太過容易被一個鬆散的論述說服。這種情況就該好好提升思考的鑑賞力，學習如何評估一個推理的合理程度。

當然，問題也有可能出在自己的表達能力上。實際上我們根本不可能把自己的想法百分之百表達出來，之所以覺得自己有說服力，那是因為我們很清楚知道心中的想法，並從全部的想法來評估說服力，但當我們透過語言只講出百分之七十的合理性時，對他人自然無法產生和自己感覺一樣強的說服力了。在這種情況下，我們需要特別注意有哪些想法放在心中沒講出來。唯有把每一個推理步驟完整、有條理地陳述出來，才能增進說服力。這時，邏輯論證的訓練就派得上用場，將一些內心覺得理所當然（不用說出來）的想法，盡量說出來，最好能形成一個大致上算是有效的論證，透過這種方式將可大幅改善表達能力。

❖ 2.自己的想法被否定時，容易形成負面情緒

當我們的想法被別人否定時，思考能力好的人會以理智面對，尋找別人否定的理由，而不是先有負面情緒。如果對方沒有把反對理由說出來，我們應該也會感到好奇並且詢問：「為什麼你這麼認為呢？」如果沒有好奇提問的習慣，表示自己的想法來源很可能是立場優先於理由，缺乏客觀性的思考。當我們以立場優先時，想法容易受情緒干擾，往往會把思考變成支持原有立場的附庸，而不是客觀分析的利器。

例如，某個人有著支持特定黨派或是政治人物的強烈立場，無論發生任何事端，都會從對其有利的角度來解讀，形成一個合理的觀點，而忽略對自己立場不利的任何證據或解讀。在這種容易用麥當勞謬誤來思考的心理狀態下，很容易無視自己的各種輕率推理且不自知。這是一種很常見的思考障礙。

當我們看見或聽到自己非常反對的主張時，例如某人很支持你最討厭的候選人，或是針對某些議題說出你很不以為然的論點，在這種情況下，觀察自己會有

什麼反應？以下是很好的檢測方式：

第一，很生氣，不想理會這個人。

第二，很生氣，但禮貌性地問他的理由為何？

第三，很生氣，但仍然好奇想知道他的理由是什麼？

第四，不生氣，也沒興趣。

第五，不生氣，而且會禮貌性地問他的想法。

第六，不生氣，也不一定會問，但若對這問題有興趣則會去瞭解他的理由。

選項三、五、六都屬於比較理智的情況，顯示你的思考能力很有可能還算不錯。選項一大概是最糟的情況，思考能力應該很有問題，事實上這卻是很多人會有的反應。當然，很多變數會讓這樣的測試失效，例如你很熟悉那位唱反調的人，知道他相當不講理，只要一遇到不同的立場就反對，那麼即使思考能力很好的人也可能出現選項一的情況。但如果對方是不熟的人也有選項一的反應，那思考能力有問題的可能性就大大提升了。選項二可能代表著你是個很懂得社交的人；而選項四顯示你對這個問題其實沒有這麼大的堅持。

❖ 3.認為自己沒有思考盲點

我們不可能知道自己還有未發現的思考盲點，因為一旦發現，它就不再是盲點了，所以大多數人都認為自己現在沒有思考盲點（過去或許有）。但是透過推理與猜測，我們認為自己仍然可能有尚未發現的思考盲點存在。

思考能力強的人知道盲點很難發現，在尚未到達神一般無所不知的程度之前，永遠都會懷疑自己還有尚未發現的盲點，如此一來，對於任何想法，無論感覺有多麼確定，都會抱持「戒慎恐懼」的心理。如果沒有這樣的心理狀態，就表示自己的思考能力尚未到達很強的層次，還有待努力。所以，只有思考能力不足的人，才會認為自己的思考沒有問題。

當我們發現自己的思考盲點愈多，照理說剩下的盲點就會愈少，自然而然應該對自己的想法有信心。但通常處於這個階段的人反而會更加謹慎。因為，如果我們曾經對某個想法很有信心，但後來發現那是錯誤的，這種經驗會讓人很難再對現有的想法產生十足的信心，因為我們又如何知道現在的想法不會再被未來的我發現是個盲點呢？在這種情況下，我們只能從想法的支持理由來評估其可信度，有多少理由，就有多少可信度。

只要我們的思考深入到某種程度，就會發現一切知識都有著不確定的根基，因此很難有什麼理由認為自己的想法一定是對的，但這並不表示：「所有想法都不確定，都可能是錯的，所以它們都是一樣的。」儘管它們都有可能是錯的，但其可能性是不同的。透過各種思考的鑑賞力便可評估諸多想法不同的合理性以及可信度。這也是學習思考的主要功能之一。

28 四百公尺賽跑吃力又有壓力，要堅持或放棄？

有助於學習思考的信念

小學五年級的時候，同學推薦我參加運動會比賽，項目是四百公尺賽跑。運動會前的某一天，體育老師帶了我們一大群人到操場去，他說：「你們先跑跑看吧！」然後我們就開始跑了，那時什麼都不懂，我跟著人群衝啊衝的，到了終點發現自己得第三名，就這樣通過預賽。那是我第一次跑四百公尺，在過程中，印象非常深刻的是覺得那個距離很遙遠，明明已經很累了，距離終點還有一大段，而且有一些人意圖衝到我前面，感覺壓力大到幾乎喘不過氣來。那時我還不知道，這些經驗其實是每一個選手都會遭遇到的，差別在於是否能堅持下去。

起跑點上的決定

決賽當天，當我在起跑點上蹲下來的時候，先前很不好的印象與壓力便迎面而來，讓我覺得自己這次無法再堅持下去，一定會被別人追過去，所以在槍響之前我已經決定放棄了。放棄，讓壓力瞬間消失，感覺輕鬆愉快。於是槍響之後，我就慢慢地跑回終點，沒有加入人群的競爭，雖然不需要擔心有人會從後方追上來，但成了落後者在眾目睽睽下獨自慢跑，那滋味也很不好受。「失去信心，想不到是一件這麼可怕的事情。」

如果在參加比賽之前，讓自己盡量相信「我一定會贏」，這樣的信念往往會引導出最大的力量，帶領我們邁向成功。這在許多方面已經得到證實，像是生病時相信自己很快就會好起來，往往復原得比較快。

學習任何事物都需要信念，尤其是那種需要長時間，而且在學習過程中不容易看見功效的科目。以學英文為例，許多人感覺好像怎麼學都學不好，單字背了又忘，但實際上，每花一點時間都有其作用，雖然不同方法帶來不同效果，但不會完全沒用，只不過成效不容易看見而已。相信自己能把英文學好，堅持下去，一定能成功。

學習思考的基本信念

學習思考，也需要信念，將以下基本信念時時記在心裡，在學習的過程中將受用無窮。

❖ 信念一：我一定可以學會好的思考

學習思考有時也像學外語一樣，感覺上已經做了很多努力，但始終看不見效果。這會讓人氣餒，覺得自己是個學不會思考的人。然而，這很明顯是種錯誤的想法。

思考的種類很多，每一種的學習方法和速度都不太一樣，往往因人而異。在我的教學經驗中，即使是相同的教法，有些學生學邏輯與批判性思考很快，但學習創意很慢；有人卻剛好相反。這和每個人過去的思考習慣有關，而且這兩種截然不同的思考型態在學習上也不相衝突，還是有一些人兩種思考方法都學得很快，也有都學得慢的。

其中有一個非常關鍵的學習因素，就是一定要「實做」。不管學習哪一種思考方法，都不要停留在紙上談兵的階段，學了多少就去運用多少，愈去用它，學得愈快。其實所有關於技能型的知識都是如此。

如果覺得自己學不會思考，就先想想要從哪一種思考開始，然後找一本相關書籍去閱讀，但最重要的還是要「去思考」。想學批判性思考，就在日常生活中張大耳朵尋找謬誤；想學習創造性思考，就盡量找機會發揮創意。一段時間過後，自然會發現自己的思考能力又升了一級。

❖ 信念二：無論思考能力多強，一定會有盲點

所謂的盲點，就是一直以來自己都看不見的問題所在。盲點的形成因素很多，其中一個主要因素是整體社會文化認同的觀點。我們從小生活在這樣的環境

中，自然而然視其為理所當然，不會去質疑它們。通常只有在接觸或進入其他社會文化，擴大視野之後，才能發現這些盲點。

另一個盲點的主要成因在於，日常生活中大多數問題都沒有正確答案，如果我們依據某些假設導出一個合理結論，而且這個結論並沒有被證明是錯的，通常就會認為這些假設都是正確的，然後下次還會再使用它們。用愈久就愈相信，即使未來出現看似不太正確的結論，也會認為那是例外而忽略。久而久之，每個人會累積很多各式各樣的盲點存在於思考中。

所以，一到選舉就會發現，明明有些候選人真的很糟糕，但還是有很多支持者覺得他們才是最好的。不同的支持者之間很難溝通，因為這牽涉到思考者過去整個複雜的想法中糾結著各式各樣的盲點。難以溝通的原因也在於我們無法透過推理找出正確答案，不同主張之間只存在著相對合理性的差異而已。對於缺乏思考鑑賞力的人來說，由於很難評估支持不同候選人的理由，其合理性的差異何在，也就很難判斷它們之間的優劣。

在這種思考型態下，每個人都會有很多盲點，而且很難發現。如果我們開始運用懷疑精神與批判性思考能力，好好重新檢視自己的想法，就會陸續發現許多自己原本看不見的思考問題。如果願意聽聽別人的意見更好，因為每個人的思考盲點不同，別人有時很容易發現你的盲點，所以只要敞開心胸，歡迎別人指出自己的錯誤，以感恩的心情面對，我們便能快速地清除過去遺留下來的思考盲點。這等於是在清除思考森林中的陷阱，讓自己能更安全地悠遊於思想的世界。

然而，並不存在一種思考方法或是檢測標準，可以讓我們知道自己的思考中已經沒有盲點了。事實上，清除的工作沒有完成的一天，只不過找出的盲點愈多，我們思考犯錯的機會就會愈低。有些盲點根深柢固，而且是大多數人共同的盲點，面對這類不易看見的思考僵局，只能依賴高深的哲學性思考協助，或是請非常有智慧的人指出來，或者透過不斷學習思考讓自己成為有高度智慧的人，自行找出盲點，打破僵局。

無論如何，針對重要的抉擇與想法，習慣性地評估其合理性，即使有盲點存在，也比較不會有大問題，至少不會過度自信。

對於其他大多數不是非常重要的問題來說，就算有盲點也不是什麼大不了的事情，可以讓生活多點小糊塗，不用太去計較。例如，某個不熟的朋友幫了一個小忙，你覺得他非常樂於助人，很高興有這個朋友。然而這個想法或許是錯的，但錯了也沒關係。針對有幫助的信念，就算信念來源有盲點，只要對人對己有益而無害，就不用去理會了。像是以為自己有寫作天分，想試試看寫個小說來投稿，那就相信自己吧！錯了就錯了！這也是以智慧的思考來面對盲點所形成的生活態度。

29 一個「帥」如何戰勝「將」「車」「馬」「包」？

有助於發現解答的信念

思考通常有一個目的，無論是解開困惑，或是找出對策，但有時要到達目的並不容易，尤其遇到很難解決的困局時，一眼望去都是阻礙。這時我們常常會認為沒有好的解決方法，也就容易放棄思考，隨便找一條勉強可接受的路來走。但事實上，一定存在有更好的辦法，只是我們尚未發現。

不放棄思考的兩大信念

只要看看歷史上許多匪夷所思的謀略就可以發現，無論是多麼看似無望的困局，依然存在有解決的方法，只要努力再想下去，就會發現化危機為轉機的最佳策略。在這種情況下，需要有好的信念支持我們不放棄，繼續發揮最強的思考力量，直到看見曙光。

❖ 信念一：無論遇到多困難的問題，一定有一個（幾乎）完美解決的策略，並且我有能力找到它

當我們有了上述信念，就不會在毫無頭緒中放棄思考，而是堅持找出一個好的解決方法。在這種情況下常常需要運用創造性思考，而創造性思考仰賴一點「運氣」，藉由一直不斷的嘗試可以縮短好點子出現的時間，只要好點子一出現，問題就有解決的契機。如果能不斷累積這種經驗，信念就會愈來愈強，相信一定有好的解決方案等待我們去發掘，並能堅持繼續思考，於是尋找最佳策略的能力也就愈變愈強。

然而，「存在有最佳策略而且有能力找到」，這並不表示我們能在必須做出決策的時間點之前想到，所以到了期限的終點，仍然有可能沒有找到好的策略，

思考能力再強的人，也一定會碰到這樣的處境。即使如此，我們也不必因此認為這些問題是無解的，就當作是自己的思考能力尚有不足，或許下次可以想出更好的解決方案。

以一盤象棋來說，當我方只剩下一個「帥」，而對方除了「將」之外還有雙「車」「馬」「包」，這種局面有可能贏嗎？

如果對於贏得比賽的信念不夠堅持，就不可能想出策略，只有乖乖投降的份；但如果不放棄一定有出路的信念，總是能夠想出贏的策略。只要我們願意思考，事實上也還真的是有可能。依據規則，當然不可能「將」死對方，但勝負不一定只能靠這個步驟。例如我們可以勸對方改下盲棋，理由是只剩下幾個子應該可以試試看，對方答應後，說不定會在無意間走出王對王的自殺棋，而讓我方贏得比賽。

或者，如果對方放棄了，我方也就贏了。那麼，有什麼好方法可以讓對方放棄呢？

最容易想到的方法是付出一些利益。如果我們堅持要贏得這一盤棋，是由於跟別人有賭注，那麼可以嘗試拿賭注的一部分分享給認輸的一方，只要對手願意，我們還是可以贏。如果不願意用這種感覺像是賄賂的方法，仍然有其他可能性，例如比賽前若沒有約定可以思考多久的時間（一般下棋不會作這樣的約定），那麼我就堅持不走下一步，直到對方放棄為止，比耐力，一樣可以贏得比賽。

即使不想用這種無賴的手法，還是有其他方法，而且不只是一、兩種，而是有無限多種，只要我們走進那無邊無界的思想世界，任意遨遊，各種可能的點子會如落葉繽紛般降落，任我們隨意摘取，隨意選擇，總是有最佳策略等待我們去發現。

❖ 信念二：任何問題，一定有我可以理解的最終解答

針對在高深的學術領域中迷惑的學者，這個信念是有必要的。無論是哲學上或是科學上，都存在著一些被認為很有可能是超過人類認知極限的問題。例如在哲學上的意識問題，意識究竟是怎麼來的？當代學術主流認為，任何存在的

事物都是由物質所構成，但是什麼樣的物質能夠形成意識呢？這個問題連想像都無法獲得任何合理的解答，就算放棄這種主流唯物論思想（也就是主張一切事物起源於物質的主張），我們也無法想像意識是怎麼出現的（如果回答意識由靈魂產生，那問題則是「靈魂從哪裡來」）。另一個看似合理的想法是認為它一直存在，而不是被任何其他事物所製造，但這其實也只是逃避問題，因為我們一樣無法回答「為什麼它一直以來就是存在的？」因此，這樣的問題被冠以「難題」的稱號，也被許多學者宣稱是人類面臨的最難問題。有許多學者主張，這個問題不僅現在無解，而且是永遠無解，因為它超過人類思考的界線，就算碰巧解答出現，我們也無法理解它。

我們很難判斷這樣的立場是正確或是錯誤的，但是我們可以說，這是一個不好的立場，因為這樣的立場會折損我們挑戰它的意志，萬一它是錯的，我們將失去成功解開謎底的契機。

因此，最好要有一個信念，任何問題都有解答，而且都有我們可以解開以及可以理解的解答，正等待著我們去挖掘。

雖然這個信念的確有可能是錯的，但錯又何妨呢？這時我們需要運用智慧的思考方法。對錯有時也不必過於計較，有些觀念應著重在其實用性，只要有用，錯也沒關係。

有了這樣的信念，我們就可以更勇敢地挑戰所有人類面臨的知識困局。永遠不要因為害怕失敗，就放棄了成功的機會。

第五篇

從初階到進階，思考能力的升級進化

30 是「大膽假設」還是「亂下結論」？

不知道如何思考該怎麼辦？

除了不懂思考又缺乏自知之明以外，或許還有更多情況是覺得自己思考能力不足，尤其針對沒有標準答案的問題，完全不知該如何下手。

有這種自知之明是件好事，許多人瞭解自身的不足並想要學習，於是到書店找各種學習思考的書來看，但是看了又看，一本接著一本，還是學不會思考，為什麼會這樣呢？若有這種情況，表示某些具有關鍵性的思考僵局沒有打開，無法讓思考的水源流動，即使增進了許多關於思考的知識，這些知識卻活用不起來，思考能力依舊沒有起色，還是不知道怎麼思考。

打開思考的水龍頭

「不知道如何思考」，是缺乏自信的人會有的問題。常常聽到許多人表示很羨慕那些說得頭頭是道的人，尤其能夠在公司主管面前做簡報，提出企畫案，而且說服公司高層接受提議，付諸實行。這樣的能力究竟是如何獲得的？以下面這個簡單的提案報告為例：

由於目前社會上許多人的經濟狀況富足，很重視生活品質，也期望增加一些有趣的休閒活動。從生日宴會、同學會、甚至家族旅遊等都希望能讓所有參與者盡興。但是，一般人辦活動不是太老套就是很無聊，如果多花一些錢請專業人士來辦理，將會更有聲有色，賓主盡歡。所以，未來社會的一個新興行業是「活動代辦」，專業代辦活動的需求會大幅提升，如果現在開始投資這個產業，來日將有可觀的獲利。

聽到這樣的簡報，不知道如何思考的人也許會很羨慕，並且好奇簡報中的思路是怎麼形成的？會有這樣的疑問，是因為當我們看到或聽到別人的想法時，通常是從理由連結到結論，先有好的理由，然後推出好的結論。於是我們感到十分好奇，在還沒有結論之前，要如何找尋這些理由呢？這種對於他人思路的想像反而讓我們的大腦一片空白，發現自己不知道怎麼思考。

先有結論，再找理由

的確，很難想像上述論點的理由是如何憑空冒出來的，但是這個想像只是一種誤導，因為針對沒有正確解答的問題來說，思路的來源，是走相反的方向。**實際上不是先有理由才有結論，而是先有結論才去找理由**。所以，想獲得類似的思路很簡單，問題在於敢不敢踏出去而已，「大膽假設」就有了結論，然後尋找支持的理由，就可以形成一個合理的思路。不懂如何思考的人大多因為缺乏自信，沒有自信心，就不敢先「亂下結論」（其實大膽假設差不多就是在還沒有充分理由的情況下亂下結論），也就無法製造一個論證。

如果先假設「活動代辦的風氣將會熱門起來」，然後思考支持它的理由，這個思考方向就簡單多了。有了理由，可以藉由批判性思考來判斷這些理由的不足之處，然後尋找更好的理由來強化，逐漸發展出一個更有說服力的論證，也就能夠構思一個好的簡報了。

所以，「不知道如何思考」的人誤以為思考很困難，其實只不過是搞錯了思考的順序。

主觀意見優化為客觀想法

看到這裡，有些人應該會感到疑惑：「如果結論的來源一開始就是自己憑著直覺或是根據個人喜好（大膽）亂假設來的，即使後來找到很多理由支持，這樣的論證有什麼說服力呢？不是很主觀嗎？」沒錯！事實上的確如此。從人類的思考型態來說，我們很難一開始就建立一個客觀思路，往往是很主觀地先依據自己的直覺或是喜好來下結論，然後再去找理由支持。所以，若要擺脫「不知道如何思考」的困境，就必須先當一個主觀的思考者。這是思考的起點，有了主觀想法，可以進一步藉由懷疑精神與逆向思考，從不同假設重新出發，再綜合不同面向，讓思考客觀化。

當我們瞭解這種思考的原理，就會發現「思考好簡單」，做上面那個提案的人，很可能只是想要投資相關行業，就很輕率地認為這個行業好，然後找到一些理由來支持自己的結論。換句話說，如果問題是不知道如何思考，希望踏出思考的第一步，打破僵局的方式其實很容易，就是暫且不管思考的好壞，勇敢去假設，思考的水流就會活絡起來。

沒自信的人容易擔心自己的思考不好，在找到好的理由之前，不敢大膽假設，於是永遠無法產出一個完整的論證，對自己的思考就更加缺乏信心。這單純是一個錯誤知識導致的僵局。好的思考不是從一開始就是好的，先大膽假設之後，開啟了一個思考，然後想辦法把這個思考變好。

小心陷阱

以上面的例子來說，雖然簡報內容看起來很合理，但是對於具有思考鑑賞力的人來說，會發現其缺乏客觀評價，只想到支持結論的理由，沒有考慮到其他面向，屬於麥當勞謬誤。懷疑精神較高的人會從不同方向思考，也就不容易被簡報者的思路牽著走，或是羨慕輕率思考所產出的提案。

許多有自信的人勇於假設，並能形成個人意見。當其學會如何強化推理之後，就能產出很合理的論證，但因結論的起源一直訴諸個人直覺與情緒，所以常卡在主觀思考中無法跳脫。在這裡，我們看到另一個常見的思考僵局：單向思考。

31 是「主觀情緒」還是「客觀論證」？

人人都會面臨的單向思考障礙

針對有確定答案的問題，可以一步一步從理由到結論進行推理，然後找出解答。但是，針對沒有確定答案的問題，思考順序則是先設定結論才有推理。所以，當情緒上偏向某個結論時，例如支持特定黨派或候選人，我們自然會先假設這個黨派和候選人很好，然後尋找理由支持，找到的理由愈多，就愈覺得自己是對的，無論一開始假設的是哪一種結論，都會到達自己想要的終點。有時候，在某些方面思考能力很強的人，只要缺少了懷疑精神與逆向思考的習慣，即使出現其他證據也無法突破思考的盲點，因為他滿腦子只想到支持的理由，而且構作出很好的論證，很難說服他其實他是錯的。

別被單向思考蒙蔽了

所以，懷疑自己原有立場的批判性思考習慣以及逆向思考的能力，在這裡就顯得格外重要。不要只看一個方向，而是必須從不同的角度去思考，否則便會陷入單向思考的僵局。

也就是說，雖然思考在剛發動時，必須很主觀地提出一個假設，然後構作支持這個假設的理由與論證，形成單面向的主觀意見（這是避免不了的思考起點），但是如果思路停滯在這裡，思考能力就成了個人主觀情緒的幫凶，造成客觀思考的障礙。而且很麻煩的是，陷入這種障礙的人大多難有自知之明，如果在強化論證方面還有不錯的能力，這樣的思考力反而會讓人越陷越深，難以自拔。

一旦陷入思考僵局，個人情緒容易遮蔽人的眼界，對於反面合理的證據往往視而不見，只會看到反面證據的不合理之處，於是更加強化主觀立場。在這種情況下，除非遇到思考力更強、更客觀的對手，才能逆轉其個人意見，否則在僵局中只會強烈執著於原本的觀點，認為自己（幾乎）一定是對的。萬一所持的觀點是不正確的，或是因而產生紛爭，將會給個人生活帶來很多不愉快的爭端。

跳脫單向思考的困局

慣於單向思考的人大多不會察覺自己有這方面的問題，甚至還會對自己的思考能力充滿自信，因為能夠「說贏」許多思考能力較差的人，以及那些不知該如何思考的人。在日常生活中，這種情況造成的困擾有時甚至大過對思考缺乏自信。

當我們發現自己對思考信心滿滿，而且執著於個人想法時，很有可能就屬於這類陷入單向思考僵局的人。尤其若你經常可以說贏一些思考能力較差的人，而對方似乎沒有表現「被說服」的樣子，就必須反省一下自己在發動主觀思考之後，是否進行過反面的逆向思考。如果大多數時候都不曾這麼做，那麼幾乎可以確定你已陷入思考僵局而不自知。一旦察覺有此缺憾，就應積極學習不同面向的思考，也就是刻意打通反向的思路，有意識地進行「逆向思考」，以便跳脫困局。

以上一章的提案為例，我們可以進一步作反面假設，例如：

事實上，目前大多數人還不習慣活動代辦，而且家人在辦生日派對時，若有外人在旁觀看或說東道西，那多奇怪啊？大多數人還是比較喜歡自己親手安排活動，即使差強人意，也比花錢找人代辦來得自在、有成就感。因此，這種行業是不可能興盛起來的。

啟動多面向思考

有了反面的假設與思考之後，便可運用思考能力同時強化兩者，並分析比較，找出最合理的論證，接下來再統整思路與其他線索，作出一場更有說服力的提案。新提案包含不同面向的思考，透過對其客觀性的鑑賞，能讓人更加信賴這個想法。例如：

由於目前社會上許多人的經濟狀況富足，很重視生活品質，也期望增加一些有趣的休閒活動。從生日宴會、同學會、甚至家族旅遊等都希望能讓所有參與者盡興。但是，一般人辦活動不是太老套就是很無聊，如果多花一些錢請專業人士來辦理，將會更有聲有色，賓主盡歡。所以，未來社會的一個新興行業是「活動代辦」，專業代辦活動的需求會大幅提升，如果現在開始投資這個產業，來日將有可觀的獲利。

但是，這樣的新興行業會遇到一些困難。第一，目前大多數人還不習慣活動代辦；第二，家人在辦生日派對時，有外人在旁觀看或說東道西會覺得很奇怪；第三，大多數人還是比較喜歡自己親手安排活動，即使差強人意，也比花錢找人代辦來得自在、有成就感。因此，這種行業雖然具有很大的潛在需求，但要興盛起來並不容易。

不過，上述問題大多涉及習慣與觀念，如果未來逐漸有人選擇活動代辦，而且成效良好，即會形成一股新風潮，第一和第三點的問題會自然消失。這需要一些時間累積成效和廣為宣傳來作改變。所以，在最初的推動上，應以觀念改變為主要努力方向。

針對第二個問題，在最初的活動設計中，應盡量讓協辦人員隱居幕後，最好是協助客戶自己擔任主持工作。等日後大家覺得有外人在場協助很理所當然時，第二點也就不成問題了。

這項新提案顯然比較具有批判性思考的精神，說服力也大幅提升。只要我們進行更多的反思，想擬出更好的提案並非難事。

簡單說就是要養成習慣，在發動思考並形成主觀意見後，至少還要再發動一次思考，嘗試以不同的面向切入，打破原本單向思考的僵局，讓想法更具有客觀性。到了這個階段，我們的思考能力得到大幅改善，與人往來溝通也能更融洽。

32 認真喝咖啡、看新聞、閱讀文章

如何養成好的思考習慣？

除了前文討論到的「不知如何思考」以及「單向思考」兩個常見的思維障礙之外，改善以下三種不好的習慣將有助於學習思考。

改善三種不良習慣

❖ 1.不主動思考問題

許多人在必須思考的時候會去思考，像是老師出了作業，或是遇到困難想辦法解決時都會去思考，而且思考能力也還不差，只不過平常很少主動思考問題，所以不會形成什麼特別的個人想法。這樣的人價值觀通常和社會大眾一樣，對各種社會議題的立場也容易跟著輿論走，大眾的意見就會成為自己的意見。其實，這對一個人來說並不是一件好事，因為群眾的意見常常是盲目的，跟著群眾意見走，容易產生錯誤思考而不自知。就像有時網路一群道德魔人共同怒罵某些看似犯了錯的人或是組織，自詡為正義，卻製造了更多的社會仇恨，而且還可能根本就是誤解，成為邪惡的幫凶而不自知。所以，要培養獨立思考的能力，必須知道什麼是主動性思考，養成一個經常思考的習慣。

要養成這種習慣的好方法就是培養懷疑精神。在初期，不妨隨機選擇議題，先不管這些議題是否有懷疑的價值，只要有空就懷疑看看。例如當坐在餐廳、咖啡屋或車站等地方，不經意聽到旁人的言談，試著想像他們可能正在互相欺騙，找找看有無疑點，或是其他潛藏的動機，並提出合理的假設；看新聞報導時，試著假設報導內容可能已被扭曲而與事實不符，推測原本的真相有可能是如何；閱讀評論性文章時，彷彿在讀偵探小說，一句一句尋找可疑之處，並得出自己的觀點。當類似的練習做多了，就能逐漸養成懷疑精神，也開始會自然而然地主動思考。經過這樣的訓練，很快能分辨哪些比較值得懷疑而哪些比較值得相信，也就可以先過濾掉一些沒必要懷疑的事情，留下值得懷疑的事情慢慢摸索與分析。這樣我們會凝聚許多自己的看法，進而形成個人獨特的觀點，逐步培養出獨立思考的能力。

❖ 2.誤以為自己的思考能力足夠

許多人習慣上認為自己的思考能力在水準之上，因此當事情沒做好時，總覺得跟自己的思考能力無關。事實上，只要思考能力變得更強，讀書學習或處理事情的能力就一定會有所增進。養成習慣去反省自己思考能力的不足之處，可以算是一種簡單且有效的改善方法。

要瞭解自己的思考能力，就需要培養思考的鑑賞力。首先想想自己是否屬於單向思考者，面對問題時是否懂得從不同面向來思考。如果不懂這樣做，則是很嚴重的問題。（不過別擔心，改善方法參見31章。）如果懂得從不同面向來思考，評估一下自己發現謬誤的能力，若經常能夠找出他人的謬誤，偶爾也可以發現自己的思考謬誤，表示在辨識謬誤部分已能運用自如。下一個步驟則是判斷自己在困局中發現出路的能力有多高，如果十之八九都可以找到妥善處理困局的方法，就可以肯定自己的思考能力相當不錯。當然，思考的成長是沒有終點的，隨著自身所處困局的程度愈高，需要的思考力就愈強。如果思考力能夠協助自己在學習、工作與生活中感到幸福與快樂，應該就擁有足夠的思考能力了。

❖ 3.思考能力的不當運用

在學習思考時，有必要做一個深度思考，瞭解一下自己學習思考的目的是什麼？如果學習思考的目的是想要過幸福快樂的生活，在訓練過程中，若某些思考習慣會導致自己不幸福、不快樂，這樣的習慣就應該戒除掉，否則將本末倒置。

舉例來說，許多人常常會懷疑自己的男／女朋友或伴侶不忠，當有任何蛛絲馬跡，像是電話沒接或是對方接觸了異性友人，就會擔心並開始懷疑，然後胡思亂想，愈想愈生動，懷疑心也愈演愈烈，反而帶給生活不幸福與不快樂。這種情況就屬於思考能力的不當運用，此時應學習放下懷疑精神，轉而應用信任的態度。多點糊塗，少點精明，把快樂的生活還給自己。

或許有人會覺得這根本是一種鴕鳥心態，把頭埋到沙堆裡，看不見危機就當作沒有危機。然而，這類問題的主要癥結在於，這種時候的懷疑其實只有壞處，沒有好處，它只會導致更糟的人際關係（無論事實真相如何，都沒人喜歡被懷疑），雖然它製造出一個為防止不良後果發生為目的的假象，但實際上於事無補（就算被你猜中，這樣的作法也無法防止危機繼續發生）。所以在這種時候，無論實際情況為何，「信任」都能帶來正向的力量。這是一種人生的智慧。

當然，有時某些預防性的懷疑會有作用，但仍要思考，怎樣的懷疑與作法真的有用，不會導致更糟的後果，這也需要智慧的思索，才能尋得最佳策略。否則，懷疑不僅常常於事無補，還會帶來許多反效果。

不過，如果思考的目的是要發現真理，接受各種真相，作法自然就不同了。

33 擔任班級幹部、辦活動或旅遊，養成創意腦

如何讓思考力更上一層樓？

自我要求高，思考力便能趁勢往另一個層次發展，尤其針對發展新理論、新觀點、新策略的建設性思考力必須有這樣的自我期待。在這個階段可能會遇見以下三種問題，千萬別讓它們阻礙思考的升級：

三點突破，思考力瞬間升級

❖ 1.只會批評別人的論述，無力建構自己的論點

有些人在邏輯與批判性思考方面學得很好，其他類型的思考能力卻沒什麼進展，這時會呈現一種很能批評別人論述，但無力建構自己觀點的情況。尤其當

今哲學系的訓練愈來愈著重「尋找問題」的能力，例如從哲學家的著作中發現問題，並加以分析與批評。這樣的能力延伸應用到其他地方，就能在名人、名嘴的論述中指出推理上的瑕疵，或在批評別人的主張時，一針見血地點出疏漏之處。可惜的是，如果要求批評者也提出自己的主張，往往只有閃爍其辭，或乾脆簡白地回答：「我沒有主張。」

沒有主張也沒什麼太大的關係，這要看自己學思考的目的何在，不過必須特別注意一點：「**找出別人的問題容易，要建構一個好的論述卻十分困難。**」不要因為能找出別人的問題就沾沾自喜，覺得自己比別人強，因為找問題和建構主張，兩者的難度有著很大的差距。

尤其針對哲學性思考，由於我們根本就站在不確定的基礎上，無法獲得確定的解答，所以也不可能製造出一個完美的論證，論證一定會有瑕疵。但對某些高度困難的問題來說，只要有相當程度的合理性，就已經是非常難得的事。如果只會找瑕疵而不懂得欣賞一個（不完美）論證的美妙，將是件非常可惜的事情。

舉例來說，《世說新語》記載了一則所謂的「阮修無鬼論」。阮修主張鬼不存在，理由是針對鬼的目擊事件，都說鬼穿著生前的衣服。但這種情況其實很荒謬，因為人死變鬼，但衣服又不是人的一部分，怎麼可能衣服也跟著人死而變成衣服的鬼魂來給鬼穿呢？根據目擊事件的荒謬性，阮修主張這些證據都不能成立。因此，鬼不存在。

這個論證雖有瑕疵，可以找到一些值得懷疑之處，但仍有相當大的合理性，而且可以從世人習以為常的「鬼穿生前衣服」中看到其荒謬之處，至少讓鬼存在的可能性大幅降低。如果懂得欣賞，會發現這是一個很漂亮的論證。

❖ 2.遇到問題不知如何尋找最佳策略

遇到問題時，尤其是從不確定的基礎出發且只能達到不確定終點的問題類型，如何找出最合理的解答或是最佳策略呢？這大概是學習思考最重要的一項能力。要獲得這項能力（就是所有思考能力總和之後的思考力），就是在學習哲學性思考。

訓練方法除了分別加強各種思考能力，也需要學習將所有思考能力予以統整、共同應用來解決問題。這種能力的統整同樣沒有什麼訣竅，就是盡量多找機會作這類思考。從學術上來說，哲學研究就是直接在做這樣的練習，從學習哲學以及針對某哲學問題發展出個人觀點，這類練習非常有用。

另外，日常生活中遇到的問題也大多屬於此類。我們可以先嘗試尋找最佳解答，找到自己認為的最佳解答之後，再把整個推理過程告訴別人，透過說明與討論，檢驗其中是否有任何問題。如果發現問題，則繼續改進尋找更好的解決方法，只要不斷重複這個方法與過程，一段時間之後就會看見顯著的進步。

❖ 3.不懂如何訓練創造性思考

具備許多類型的思考能力之後，便能品嚐到它們帶來的豐碩成果。這時，我們會期待自己思考出更好、甚至更偉大的想法，並想要增進自己的創造力。在所有思考能力中，最難訓練的大概就是創造性思考能力，而它最有效的學習方法也不外乎是不斷去創造。

問題在於這個針對創造性思考的學習方法，說得容易，做起來卻十分困難。

因為在日常生活中，大多數人不太需要去創造，就算刻意去做也不知道要創造些什麼。所以，我們要給自己多開發一些機會，去做需要創造的事情，最簡單的方法大概就是辦活動，幫同學辦生日會、自願擔任同學會的主辦人，或是接下安排家庭小旅遊的任務。在設計與安排活動時，盡量想辦法創造一點不太一樣的元素增添活動的樂趣。

在學校也可以主動擔任各種幹部，讓自己有更多機會練習辦活動。等到創造力到達某個程度，常常可以設計出精采有趣的活動時，不僅會很有成就感，也更有興趣繼續去創造。透過一次次的磨練與實際運作，創造性思考能力逐漸提升，我們自然能成為不斷產出好點子的創意思考者。

34 寫申論題、作文、研究報告或口試時，幫自己加分

如何展現個人的說服力？

學會了好的思考力，就要把它表現出來，像是在考試寫申論題、作文，或是做一個企畫案以及研究報告時，好好發揮這項長處。

通常有好的思考力，就有好的推理；有好的推理，就有說服力。不過，有許多思考能力強的人仍然缺乏說服力，為什麼會這樣呢？相關聯的因素很多，最主要而且也是最容易改善的，大概就是「省略了過多推理步驟的習慣」。

囉唆與簡潔的推理

無論是書寫或是口頭表達，我們常常認為許多想法「大家都知道」，也就不

用說明，只說必要的關鍵即可。這會讓談話變得簡潔，也容易溝通重點（這個想法實際上是對的，但容易過度使用造成不良後果）。舉例來說：

「陳老師不喜歡和男人一起出遊，所以如果王叔叔參加這次的旅行，會讓陳老師不開心。」

在這個推理中，我們省略了「王叔叔是男人」以及「陳老師有參加這次旅行」的步驟，但由於聽者會直接由「叔叔」這個詞聯想到男人，在說話的脈絡中也顯示陳老師會去旅遊，所以這樣的省略並沒有問題。如果全部指明就會變成：

「陳老師不喜歡和男人一起出遊，所以如果身為男人的王叔叔參加這次陳老師也有參加的旅行，會讓陳老師不開心。」

這樣的推理較為完整，但對大多數人來說不僅沒什麼幫助，還讓人感到很囉唆、不耐煩，甚至（如果談話內容再多一點）會產生不想聽下去的情緒。當聽者注意力流失，就會覺得講者的說服力不足。

完整與省略的推理

日常生活中，很少人在邏輯推理方面會這麼囉唆，多數人的問題是省略過多。當省略的步驟過多時，尤其是關鍵推理步驟被省略時，會讓人無法清楚掌握推理過程，而導致說服力下降。

舉例來說，某甲「反對廢除死刑」，主要理由是「死刑可以嚇阻犯罪」，他可能會說：

「由於死刑可以嚇阻犯罪，所以不應該廢除死刑。」

針對這個說法，熟悉此議題的人或許可以自動補足其中欠缺的推理步驟，但是不熟悉此議題的人只能感覺似乎有點道理。這種感覺在思考嚴謹的人看來，就是缺少說服力。

而對於死刑立場相反的人來說，由於根本不會主動補足欠缺的推理步驟，只會從對立面思考，這樣的模糊感將更難凝聚說服力。尤其許多人沒有習慣在接收資訊的同時主動思考其中的推理過程，只是很被動地接收，在這種情況下，就更不容易產生說服力了。如果能把省略的推理步驟補足，說服的力道就會有所變化。例如：

「由於世人都怕死，死刑的存在讓人心存恐懼，比較不敢犯下重罪。如此一來社會上的重大犯罪就會減少，人們多了一分生命財產的保障，社會才能安定祥和。所以，死刑不應該廢除。」

省略版和完整版想要表達的意思差不多，但補足了推理步驟之後，論證的合理性感受加強，說服力也就自然提升。因此，無論是在寫申論題、作文，或是做研究報告，在避免囉唆的情況下，我們應盡量補齊推理的步驟，凝鍊出文章的說服力。

驚慌失措與自信謙虛的推理

除了文字上必須注意之外，口頭上的溝通與問答更要重視說服力的問題。因為在談話之間，大多不會（也很難）仔細思考，於是聽者不太容易自動協助說話者補足欠缺的推理步驟，說服力便完全仰賴說話者所談的部分來建立，省略的愈多，造成論證的依據與推理不足，說服力也就愈薄弱。尤其在口試或面試時要特別留意，不要天真地認為「口試委員或是面試官的思考能力很強，只要大略講講，意思到即可」。事實上，大略講講時的理路不清，會讓人以為口試者的思考能力不足。

面試或口試時經常會發生的狀況，是突然被問到自己沒有想過或是完全出乎意外的問題，瞬間不知該如何回答。這時要怎麼做才能展現自己的思考能力呢？

在這種情況下，許多考生或面試者的反應是驚慌失措，因擔心被評為知識不足，於是勉強回答。其思路過程大概是：「先趕快隨便找一個立場，然後補充說明理由，但一時之間難以想到好理由，只好牽強地硬推。」這種作法容易顯露不太合邏輯的推理過程，讓聽者誤以為對方的思考能力很差（為什麼這麼糟的理由都可以說服應試者自己呢）。為了假裝懂很多，結果適得其反，讓人認為自己思考能力不足，成了虧本生意。

為了避免造成口試委員或是面試官的不良印象（但如果被問到自己一定要知

道的，不正面回應就會被徹底否定的情況則另當別論），建議不妨先老實回答：「抱歉我不曾思考過這個問題，我需要想一想。」最後這句話尤其重要，它傳達了一個訊息：「我有遇到問題會去思考的習慣。」這也是思考能力好的人所擁有的重要特質。

花一點時間思考後，至少把問題的正反兩面大致想過一次，如果屬於沒有正反兩面的問題，至少先分別站在兩個不同的立場各想一遍，看看哪邊的理由比較合理，選好後再來陳述自己的想法，這樣就不太容易有邏輯不通的情況。如果還有餘裕的話，可以順便把兩種想法的優劣也簡單比較一下，呈現較為客觀的思考態度，等於證明了自己善於思考。而且，對方知道這個想法是當下思考的結果時，也會用比較寬鬆的標準來檢驗說話者的思考能力。

擁有好的思考能力的人另一個特徵是「瞭解想法都有可能會出錯」，所以在口試或面試時，尤其針對那些需要深度思考才能得出的想法，不要顯露出很篤定的態度，表示自己知道它們都有可能是錯的。

當然，在談論想法時也不能表現出完全沒把握的樣子，因為這樣的態度顯示缺乏自信、沒有個人想法，會是更糟糕的局面。最好的方式是有多少理由支持，就有多少堅持，但在心裡置放一個「這些都有可能錯」的觀念，時時抱持懷疑的精神就更能展現個人強大的思考力。

35 讀、看、想，在生活中行動

思考力進化的八大行動法則

本書一直不斷強調，無論是哪一種思考類型，「去思考」是進化的最重要法門。不要光讀、光看，而是必須去想。但要如何具體付諸行動呢？這裡列出八個主要的行動法則，時時在生活中實踐，便能讓思考能力快速起飛！

思考的行動法則

❖ 1.要有想法，先選邊站

當你要寫作文、寫論文，或甚至寫篇研究報告時，可能會遇到的第一個問題是：「沒有想法，不知該寫些什麼。」這怎麼辦呢？是不是應該多蒐集一些資料，多讀一點相關著作？不！做這些事情通常不會讓你有想法，往往只會混亂你的思維，讀的愈多，腦袋裡多塞了一些別人的理論難以消化，就更沒有想法了。要有想法，很簡單，不要怕想錯，先勇敢選邊站！只憑微弱的理由也沒關係，憑直覺也好，甚至隨便挑一個也行，反正先要有主張。做了選擇，再想辦法找一些理由支持；有了理由，就可以說出一番道理，也就有想法了。

當然，在此要特別強調，這樣的想法通常不是好的想法。「有想法」只是思考的開始，並不是思考的結束。在這裡就劃下句點的人，只能有一堆主觀想法，缺乏客觀性，成了典型的單向思考者。要有好的想法，必須進一步從不同角度思考，也就是「換邊站」。之後再去比較哪一個想法比較合理，然後再換邊站、再比較，最後就可以找出最合理的主張，作為個人想法。這時若有機會回頭去看別人的主張，就可以很清楚發現別人思路的問題在哪裡了。

❖ 2.重要議題，反向思考

當我們要做重大決定時，為了預防輕率推理而損失慘重，就必須非常慎重。

慎重的方法除了要把推理從頭到尾多想幾遍，檢查是否有問題之外，更重要的是必須嘗試否定自己原來的想法，進行逆向思考，而且必須到達能讓自己看到反面合理性的程度。唯有如此，才能避免陰錯陽差做出錯誤決策，帶來危險後果。

例如，因為某些想法決定要跟朋友絕交時，除了重新思考推理是否有問題之外，試著從「自己誤解對方」的角度思考，看看其合理性是否也存在，這樣才能達到慎重的目的。

❖ 3.遇到困難，思考策略

當我們遇到困難時，不要浪費時間去抱怨，也不要耗損精神去生氣，而是運用理智，思考最佳解決策略。這個實踐訣竅用說的很容易，做起來卻很困難。但只要記得秉持原則努力去做，久而久之就可以養成習慣。

❖ 4.勇敢表達個人想法

勇敢把自己的意見說出來，有可能獲得讚賞，也有可能被人指出錯誤，兩者都是好事。要記得在說出個人想法時，無論多麼有把握，都不要預設自己一定是對的，就當是說出一個想法供大家參考。在這種態度下，即使出錯也不會讓自己太尷尬。更重要的是若被發現錯誤，就能多學會一件事，甚至多發現一個盲點，思考能力將不斷成長，出錯的狀況很快地會愈來愈少。

❖ 5.多多懷疑網路訊息

培養懷疑精神可以從網路資訊開始，因為網路資訊出錯率很高，在懷疑眼光的檢驗下不難發現可疑之處，找到可疑之處，讓批判性思考得到活用的機會。透過這樣的思考，容易發現別人看不到的問題，也容易產生成就感。這個結果會讓我們更樂意持續運用懷疑精神尋找錯處並養成習慣。具體操作的方法就是在平常閱讀網路資訊時不要照單全收，要戴起「大家來找碴」的眼鏡閱讀，尋找字裡行間的謬誤，這將有助於鍛鍊懷疑精神，以及增強批判性思考的能力。

❖ 6.多想點子，少點抄襲

大多數人平時很少（也沒必要）去做創意思考，所以不容易培養出相關的能力。如果想要增強創意卻沒有找機會練習，是不可能進步的。如果喜歡寫作，可以從故事創作著手，這個方法很有用，因為創作故事時，自然而然會希望透過新意去引起別人興趣，那就不能抄襲他人的點子，而必須強迫自己提出新鮮的構想。這種要求與練習就是在訓練創意，打通大腦的創意路線。

或者，可以考慮有空多舉辦小型活動，即使只是少數人出遊，也可以做一些與眾不同的規劃。但必須自我要求不抄襲別人，也盡量不要沿用自己過去的點子，每次都要有些新花樣，藉此培養創意。

以最簡單的抽籤為例，每次都可以變換方式。依據當時的環境，就地取材，創造不同的抽籤模式。例如，如果在繁忙的街上，可以猜多久會出現三個喇叭聲，最接近的就是贏家。如果正在開車等紅燈時，可以猜測在亮綠燈後不走的情況下，幾秒鐘之後，後面的人會按喇叭。如果在野外，可以隨意在地上畫個圈圈，看誰能從一定距離外把石頭丟進去。諸如此類，都是取代抽籤的趣味方式。

基本原則是：用過的方法最好不再重複使用。這等於強迫自己每次都要重新發想，在日常生活中不僅能鍛鍊創意，還帶來許多樂趣。

❖ 7.常常問：「為何如此？」

吸收新的資訊時，抱持懷疑精神經常提問：「真的是這樣嗎？」如果真是如此，可以進一步詢問：「為何如此？」這樣的問題引導我們進入一個深度思考。這個深度思考的起頭是提出一個假設（也就是先選邊站）來解釋為何如此，然後尋求合理化。得出合理的解答之後，再嘗試否定自己的假設，得出其他合理解答，並繼續提出疑問：「真的是這樣嗎？」以及「為何如此？」反覆做這樣的練習會讓我們擁有深度思考力。

❖ 8.有時情緒優於理性

經由理智思考得到的解答，通常比情緒喜歡的解答更貼近於事實真相。對於各種重要決策，我們應該依據理性而非情緒。但是如果不是什麼大不了的事情，當思考與心情相衝突時，不妨以心情為優先考量。不要讓強大的思考能力長期壓制個人情緒，因為這樣的生活會讓人很不愉快。

例如，如果討厭（或喜歡）某位政治人物或演藝人員會讓你比較開心，即使你想的都是錯的，只要不會影響到其他重要的事情，或是與人發生嚴重爭執，那就裝作糊塗，順從個人情感吧！面對他人的錯誤想法也是一樣，如果不是什麼大不了的事情，沒必要指出來，甚至接受也沒關係，這是智慧思考的彈性。讓思考能力帶給我們幸福的人生，而不是僵化的行為法則。

36 外星人是否會侵略地球？

一則有趣的思考範例

來到本書的最後一章，不知讀了這麼多關於思考的說明，是否仍然覺得有點抽象而不知從何開始呢？以下針對不知如何踏出思考第一步的人，提出一則有趣的例子來做示範。

假設你要做一個研究報告，題目是：「外星人是否會侵略地球？」你打算怎麼著手進行呢？

外星人在哪裡？從何開始思考？

習慣思考有確定性答案問題的人，大概會覺得這個題目很糟糕，因為我們甚至不知道是否真的有外星人，這時要從哪裡下手思考這個問題呢？就算真的有外星人，也沒說是哪一個星球的，總不會所有外星人都一樣吧？而且更重要的，我們完全沒有任何星球人的資料，這究竟要如何開始？

有這樣的反應很正常，表示我們習慣依據確定的資料去思考有確定答案的問題，缺乏針對不確定性問題的思考能力。實際上，別懷疑！我們的確可以思考這樣的問題，即使無法得出確定的答案，但可以找到一些具有合理性的想法，而且還能夠不斷改善合理性。當合理性愈高，就愈接近事實真相。

由於我們缺乏確定性的資料，不可能透過資料的分析與推理尋求解答。在這種情況下，多數人會認為必須先去蒐集一些關於外星人的訊息，然後閱讀、整理、消化，這樣才能思考。然而相關資料讀的愈多，愈會發現大多是未經證實的傳言，根本無法用來作為推理的根據，最後還是不能得出令人信服的解答。最多只能藉由一些外星人傳言來做推理，而這樣的推理如同空中閣樓，幾乎沒有合理性可言。只能經由考察證據的有效性嘗試回答「外星人是否曾在地球活動」，而不是探討「外星人是否會侵略地球」如此遙遠的問題。

第一步：選邊站

依據前文提出的第一個思考訣竅：「要有想法，先選邊站。」這是很重要的一步，雖然這一步感覺起來並不理性，但對於沒有確定基礎的問題來說，為了要有想法，我們也只能從這裡開始。

假設我們主張：「外星人會侵略地球。」

不管選哪一邊都可以，反正先有主張再說。有了主張，接著該尋找什麼樣的理由來支持這個主張？首先我們想到人類具有侵略性，既然人類具有侵略性，為什麼外星人沒有呢？既然外星人也有侵略性，當然就會來侵略地球。

這樣就啟動想法了，而且有一個看似還算合理的理由來支持我們想要的主張。不過，這個理由顯然不太好，很容易可以發現這是一個不恰當的類比，「為什麼人類有侵略性，外星人也會有？」由於我們對外星人一無所知，這樣的推理太牽強了，說不定外星人跟人類性格完全不同。

第二步：鑑賞好壞，深度思考

運用批判性思考的鑑賞力，發現這個推理的合理性不足，我們需要去補強它。讓我們做一個深度的思考，「為什麼人類具有侵略性呢？」這個時候，如果相關知識不足，就動手去查閱資料（這種有確定目標的查閱資料會讓我們愈來愈清楚自己的思考；但在還沒有想法時，為了要有想法而漫無目的查閱資料，則容易讓思緒變得混亂）。於是我們發現，演化論中談到「適者生存」的演化原則，是一個有力的解釋，由於侵略性可以算是一種生存優勢，所以具有侵略性的人類在演化中留存下來。

接著，我們進一步推理，外星人應該和人類一樣是自然演化的產物，既然經過演化的過程，有很高的可能性也遵循著「適者生存」的法則，並且非常有可能像人類一樣演化出侵略的特質。據此，我們可以將外星人類比成人類，並得出「他們有可能侵略地球」的結論。

發展到了這個地步，算是提出一個合理的理論，主張「外星人會侵略地球。」

第三步：換邊思考，提問：「為什麼？」

從一開始看到題目覺得「無從下手」，到現在得出這個「頗合理的觀點」，已經是一大進展了。如果我們不是先選邊站，便很難有此成果。但是，不管這個主張有多合理，別忘了我們一開始只是隨便（或依照直覺、自己的情緒喜好）選邊站的，那是一個非理性的開頭，無論得出的結論有多合理，都不能停滯在這裡，否則就成了單向思考者。我們必須顧慮到，其他思考方向說不定有更合理的推理等著我們去挖掘。

進入下一個思考步驟，換邊思考：「外星人不會侵略地球。」為什麼呢？還是先從人類來思考好了（既然缺乏外星人資料，也只能在人類身上動腦筋），人類未來會去侵略外星球嗎？從歷史發展的軌跡可知，人類經過兩次具毀滅性的世界大戰，認識到戰爭的殘忍血腥，逐步邁向避免戰爭與維繫和平的路線。當代社會走向民主，民眾力量增強，野心家的企圖難以得逞，侵略行為便受到這樣的社會結構所箝制。

很顯然的，理性是一個文明的發展方向，這樣的發展能夠讓人類避免繼續依據貪婪的侵略行為來撰寫歷史。從這角度來說，雖然人類過去經常在破壞舊有文化，但我們的理性發展已經瞭解文化的重要性，不會繼續犯錯而去侵略外星文化。

當然，歷史的發展有時很隨機，如果世界碰巧不往理性文明的方向發展，會是怎樣的局面呢？例如，如果現代大多數國家仍然是獨裁當道，而且會濫用毀滅性武器，結果應該是「世界將很快走向終點」，根本沒機會發展出更高的科技前往其他星球，甚至成為其他星球的侵略者。

同樣的道理，如果外星文化仍然具有這種侵略的觀念與行為，他們很容易在星球內部的爭端中自我毀滅。要握有高科技又發展到可以前往其他星球，必須達到高度的精神文明來制衡侵略特質。所以，即使外星人有侵略的天性，其文化與思想觀念必然已經可以有效遏止，才能繼續存在並發展出更高度的科技文明，以此為基礎從事星際旅行到達地球。這麼一來，他們自然不會帶著侵略的意圖而來了。

第四步：暫定結論，繼續挖掘問題與思考

依據前面兩個推理，我們得出兩種不同的觀點，後者的合理性顯然更高一點，我們就先暫時接受這個結論。但結論不是確定的，可以不斷經由批判性思考找出問題所在，持續深度思考建立更紮實的理論，並透過創造性思考想出其他不同的立場與假設，再藉由各種思考鑑賞力的比較，挑選最合理的想法。這其實就是典型哲學性思考的過程：由一個不知從何下手的不確定問題，找出一個不確定但具有相當程度合理性的解答。

上述思考範例是針對沒有人思考過的新問題。相較之下，大多數問題都已經被許多人思考過了，我們可以參考前人的想法，再經由尋找前人想法的漏洞，並設法補足，進而發展更合理的理論。這就是人文學科常用的「文獻研究」與「學

術研究」的思考方法。文獻研究可以避免重蹈前人的錯誤，而學術研究可以擴展人類知識的版圖。

對於有心提升思考能力的讀者，我個人的建議是自己先思考，再去閱讀文獻。這樣可以先有一些自己的想法，否則很容易被淹沒在他人的理論脈絡裡，無論如何思考，都難以跳脫舊有的框架，創造出個人獨特的想法，也無法突破現有知識困境，發展出真正能夠擴大人類知識版圖的理論。

無論想要思考的問題是否屬於新問題，自己先思考，企圖尋找合理的解答，等到遭遇困難或是凝聚不出任何想法之後，才去閱讀相關資料，這會是一個比較好的先後次序。

好了，我已經完成示範的部分。想要學習思考，非自己動手（腦）不可，現在，輪到你了。

如果沒有想到要思考的問題，想想目前有什麼令你煩惱的事，該如何解決？或者，目前你對什麼問題感到疑惑，答案會是什麼呢？就從這裡開始吧！

後記

交稿之後，很高興地發現我對這本書的滿意程度，不僅僅是「自我感覺良好」，從出版社傳來的訊息大多十分肯定，認為這對協助提升思考能力大有幫助。因此，出版前的最後階段，出版社建議拍一些介紹短片，希望能讓更多人認識這本著作。影片內容是要我談談幾個相關主題。由於我不想背稿、也不想對著空氣說話，所以我在個人臉書上徵求聽眾，將此次拍攝當作是一場小型討論會。

會後，一個已在幾年前畢業的華梵哲學系學生——黃潔睿，做了一張圖表貼在臉書上分享心得。我看了以後覺得這個圖表很有意思，用畫面取代文字之後更為生動，可以協助我們隨時記得許多思考上需注意的重點。所以，我請他修改得更為貼切之後，放到這裡。我相信會很有提醒效果。圖表如下：

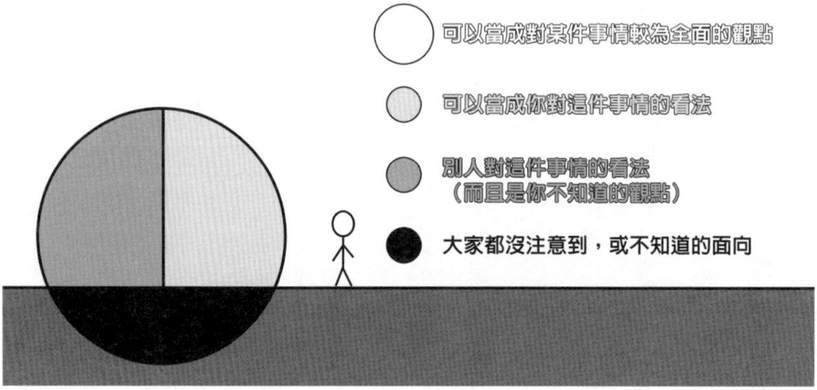

這個圖表要提醒我們，當我們對某件事有個看法時，其實只是掌握了整個事情的一小部分，不要習慣性地（訴諸無知的謬誤）認為自己已經瞭解全部。因為針對這件事情，一定會有別人看到，但我們沒看到的面向，所以如果別人有不同的結論，將會是件很正常的事情。

從自己的思路看別人的結論，會覺得別人「明顯是錯的」；同樣的，別人在看我們的結論時也會有這樣的感覺。所以除了結論，一定要說出讓自己這樣主張的理由，才能避免被輕視與誤解。

針對任何一件事情，除了自己看不到而別人看得到的面向之外，還會有些大家都不知道的隱藏訊息。這些訊息或許才是整件事最關鍵的地方，但通常不易發現。即使大家對某一件事有共識，也可能是集體被誤導的結果。當我們這樣思考時，就等於開啟了西方大哲蘇格拉底最重視的「無知之知」──「知道自己還有一些東西不知道」的知識。

這個知識會引導我們去思考原本不知道的面向，當我們看事情的層面囊括了別人的面向時，就可以理解對方，容易與人溝通；而當我們的視界可以深入到大多數人看不到的面向時，就可以對事物邁向全面的理解。但這只能說是趨近，因為我們永遠無法確定是否還有些什麼是我們所不知道的。有了這樣的認知，就離智慧不遠了。

最後衷心期待，對你（妳）而言，這是一場不虛此行的閱讀旅程。

教師、校長、醫師強力推薦

二十一世紀以來，世界各國都非常重視國民思考相關能力的培育，美國在二〇〇九年將批判思考與問題解決技能列入該國國民應具備的「二十一世紀關鍵能力」；台北市政府教育局也於二〇一二年提出培養學生六大核心能力（品格力、學習力、閱讀力、思考力、創造力與移動力），作為各校發展課程與教學的目標。本書由冀劍制教授透過輕鬆的語調，或以鋪陳直敘的筆法或以故事的型態，敘寫出引人入勝的三十六堂思考課程，一經翻閱即欲罷不能，能讓讀者在愜意自在的氛圍中，培養了思考的鑑賞力並加強邏輯思辯的能力，特與推薦。

——大直高中校長　李世文

這是台灣當下迫切需要的一本書。任何人要在當今紛雜的世界，釐清許多議題的來龍去脈，的確很不容易，因此訓練自己的思考能力成了非常重要的一件事。這或許是每個沒有修過哲學課的人，必看的一本入門書。

——牙醫師、作家　李偉文

思考能力雖然很難透過書本學習，但是讀者可以藉此學到如何訓練思考的方法。

——蘭陽女中歷史老師　汪栢年

翻騰的心血成江成海，打開的書本翠綠青蔥。

——台南一中校長　張添唐

跳脫唯一答案的直覺式思考框架，具備多面向批判性思考的能力，才能解決生活中許多不可預期、非單一解答的問題。本書讓人認識思考以及該如何學習思考，養成高階的學習能力與問題解決能力，是一本值得大家閱讀與分享的好書。

——南港高中校長　劉葳蕤

熱情推薦

建國中學前校長　陳偉泓
高雄女中校長　黃秀霞
北一女中校長　楊世瑞

國家圖書館出版品預行編目資料

是思考，還是想太多？寫給年輕人的36堂思考課 / 冀劍制著. -- 初版. -- 臺北市：商周, 城邦文化出版：家庭傳媒城邦分公司發行, 2015.09 面； 公分

ISBN 978-986-272-864-2（平裝）

1.思考

176.4 104015333

是思考，還是想太多？
寫給年輕人的36堂思考課

作者／冀劍制
責任編輯／程鳳儀

版權／林心紅、翁靜如
行銷業務／莊晏青、何學文
總經理／彭之琬
發行人／何飛鵬
法律顧問／元禾法律事務所 王子文律師
出版／商周出版
台北市中山區民生東路二段141號4樓
電話：(02) 2500-7008 傳真：(02) 2500-7759
E-mail：bwp.service@cite.com.tw
Blog：http://bwp25007008.pixnet.net/blog
發行／英屬蓋曼群島商家庭傳媒股份有限公司城邦分公司
台北市中山區民生東路二段141號2樓
書虫客服服務專線：(02)2500-7718・(02)2500-7719
24小時傳真服務：(02)2500-1990・(02)2500-1991
服務時間：週一至週五09:30-12:00・13:30-17:00
郵撥帳號：19863813 戶名：書虫股份有限公司
讀者服務信箱E-mail：service@readingclub.com.tw
歡迎光臨城邦讀書花園 網址：www.cite.com.tw
香港發行所／城邦（香港）出版集團有限公司
香港灣仔駱克道193號東超商業中心1樓
Email：hkcite@biznetvigator.com
電話：(852)2508-6231 傳真：(852)2578-9337
馬新發行所／城邦(馬新)出版集團 【Cite (M) Sdn. Bhd.】
41, Jalan Radin Anum, Bandar Baru Sri Petaling,
57000 Kuala Lumpur, Malaysia
電話：(603)90578822 傳真：(603)90576622
Email：cite@cite.com.my

封面設計／徐璽工作室
電腦排版／唯翔工作室
印刷／韋懋實業有限公司
經銷商／聯合發行股份有限公司
新北市231新店區寶橋路235巷6弄6號2樓
電話：(02)2917-8022 傳真：(02)2911-0053

■ 2015年09月08日初版
■ 2018年12月06日初版5.3刷

定價／300元
 ISBN 978-986-272-864-2

Printed in Taiwan

城邦讀書花園
www.cite.com.tw